KB217442

하나님의 말씀을
가감한
명백히 잘못된 설교들

하나님의 말씀을
가감한
명백히 잘못된 설교들

**지은이** 김나사로
**발행일** 2020년 4월 28일
**판차** 개정증보판
**초판 발행일** 2009년 6월 25일
**초판 제목** 명백히 잘못된 설교 네 가지

**펴낸이** 이민영
**대표·편집인** 최선화
**펴낸곳** 도서출판 등과 빛
**주소** 부산광역시 동구 중앙대로60번길 3-11
**전화** 051)803-0691
**등록번호** 2006년 11월 8일(제335-제6-11-6호)

저작권ⓒ도서출판 등과 빛, 2020
ISBN 978-89-93647-39-6(04230)

값 12,000원

이 도서의 국립중앙도서관 출판예정도서목록(CIP)은 서지정보유통지원시스템 홈페이지(http://seoji.nl.go.kr)와
국가자료종합목록 구축시스템(http://kolis-net.nl.go.kr)에서 이용하실 수 있습니다. (CIP제어번호 : CIP2020014524)

보라 서로 내 말을 도둑질하는 선지자들을 내가 치리라(렘 23:30)

# 하나님의 말씀을 가감한 명백히 잘못된 설교들

김나사로

도서
출판 등과빛

# 차례

# 글을 시작하면서

하나님의 말씀은 영원하다. 그러므로 하나님의 말씀은, 잠시 잠깐 피었다가 이내 떨어지게 될 꽃의 쇠잔함(사 40:6~8)과 같고 해가 떠오르면 잠시 후 사라지게 될 아침 안개의 허무함(약 4:14)과 같은 인생의 부요와 성공, 즉 땅에 속한 영광에 관해 이야기하지 않는다. 오로지 예수 그리스도와 함께 하나님 안에 감추어진 우리의 영원한 생명(골 3:3), 즉 장차 나타날 중하고도 영원한 영광에 대해 이야기한다(고후 4:17~18).

오늘날 많은 교인이 즐겨 듣는 설교들은 하나님의 말씀이 아니라 인생의 교훈이다. 나아가서 허탄한 신화들이다. 인생과 관련된 이야기는, 아무리 성경 말씀 한두 구절을 인용해서 듣는 청중들로 하여금 극적인 인생의 반전을 기대하게 한다고 해도, 그 설교 예화에 등장하는 인물이 아무리 꿈을 이루고 잘된 인생, 역전 인생을 살았다 할지라도, 결국 떨어지는 꽃의 쇠잔함과 같은 것이고 사라지는 아침 안개의 허무함처럼 잠시 잠깐 보이다가 사라질 영광에 불과하다. 그러므로 사도 바울은 장차 나타날 지극히 크고 영원한 영광을 바라보며 자신이 소유한 모든 부와 영향력을 배설물처럼 버렸다.

오늘날 교인들은 구원과 관련해서 소명, 중생, 회심, 칭의, 양자 됨, 성화, 영화와 같은 구원의 핵심 교리에 귀를 기울이기보다는 그저 듣기에 재미가 있고 기분이 전환되고 세상에서의 행복과 평안을 추구하는 덕담 위주의 설교나 인생에서의 형통을 장담하는 구호성 설교, 즉 "나는 할 수 있다." "꿈은 이루어진다." 등과 같은 주제의 설교에 귀를 기울인다.

사도 바울은 장차 때가 이르면 사람들이 진리의 바른 교훈을 받지 않고 그들의 가려운 귀를 긁어 주는 스승들에게서 허탄한 이야기를 즐겨 듣게 될 것을 경고했다.

"때가 이르리니 사람이 바른 교훈을 받지 아니하며 귀가 가려워서 자기의 사욕을 따를 스승을 많이 두고 또 그 귀를 진리에서 돌이켜 허탄한 이야기를 따르리라"(딤후 4:3~4)

하나님의 말씀은 우리로 부자 되고 성공하게 하려고 주어진 것이 아니라 영생을 얻게 하려고 주어졌다.

"너희가 성경에서 영생을 얻는 줄 생각하고 성경을 연구하거니와 이 성경이 곧 내게 대하여 증언하는 것이니라"(요 5:39)

하나님의 말씀은 우리로 영생에 이르게 하기 위해 믿음의 선한 싸움을 독려한다.

"오직 너 하나님의 사람아 이것들을 피하고 의와 경건과 믿음과 사랑과 인내와 온유를 따르며 믿음의 선한 싸움을 싸우라 영생을 취하라 이를 위하여 네가 부르심을 받았고 많은 증인 앞에서 선한 증언을 하였도다"(딤전 6:11~12).

믿음의 선한 싸움은 절망 가운데서도 나는 잘될 수 있다는 꿈을 가지게 하려 함이 아니다. 가난과 실패를 극복하고 불행한 삶을 역전시키게 하려 함도 아니다. 오로지 우리로 더욱 의로워지고, 경건해지고, 믿음 위에 믿음을 더하고, 더욱 사랑하고, 더욱 인내하고, 더욱 온유해지게 하기 위해 주어졌다.

에덴동산 중앙에는 생명나무도 있었지만 동시에 선악을 알게 하는 나무도 있었다(창 2:9). 그러나 아담과 하와는 자기 욕심에 이끌려 생명나무에 집중하지 않고 먹음직하고 보암 직하고 지혜롭게 할 만큼 탐스러운 선악나무에 자신의 마음을 빼앗기고 말았다. 그들이 만약 탐욕을 제어할 수 있었다면 그들의 눈에는 선악을 알게 하는 나무(이하 선악나무)가 들어오지 않고 생명나무만 보였을 것이다. 그리고 생명나무만을 집중한 아담과 하와는 종국에 생명의 길에 이를 수 있었을 것이다.

오늘날도 하나님의 말씀은 분명히 우리에게 생명의 길을 제시하는 영생의 말씀이건만, 자신의 욕심을 제어하지 못한 사람들이 그 옛날 아담과 하와가 선악나무에 집중해서 생명의 길에서 이탈했음과 같이, 거짓 선지자들의 허탄한 신화 곧 정확하게 입증되지 않은 헛된 간증담에 마음을 빼앗겨서 탐욕스럽게 땅의 것을 쳐다보며 자기를 부인하는 십자가의 길을 망각하고 있다. 그리고 목회자들은 이와 같은 범죄의 길, 타락의 길, 배도의 길에 서 있는 교인들의 요구에 아부하며 경건한 하나님의 말씀을 이익의 재료로 만들어 세상 형통과 세상 성취의 수단으로 매매하고 있다.

주님께서는 믿음의 교회가 세상 가운데서 고난받고 미움 받게 될 것을 예언하셨건만, 거짓 선지자들은 그 옛날 에덴동산의 뱀이 하와에게 선악과를 먹어도 결단코 죽지 않는다고 장담했듯이, 탐욕을 금하지 못하는 어리석은 교회를 향해 "세상의 부와 성공을 마음껏 쟁취해도 결단코 죽지 않는다. 그러므로 왕의 자녀 된 믿음의 자녀는 이 세상에서 누구보다 잘되어야 한다. 그리고 잘되는 것이 하나님의 뜻이다."라고 마음껏 축복하며 그들의 가려운 귀를 시원하게 긁어 준다. 그들은 지금 교회 안에서 어리석은 영혼들을 상대로 다른 복음, 다른 예수, 다른 영을 매매하고 있다(고후 11:3~4).

잘못된 설교는 잘못된 성경 해석에서 비롯된다. 아무리 성경 말씀을 인용해서 설교했다고 할지라도 그 교훈이 인생, 즉 종국에는 썩고 없어지고 쇠하여 갈 이 땅의 소망과 관련된 것이라면 그것은 사람의 계명이다. 그리고 이 땅에서 인생 문제의 해결과 응답과 꿈의 성취를 가르치는 그 목회자는 하나님의 말씀을 도둑질한 거짓 선지자이다(렘 23:30).

오늘날 교인들의 귀를 즐겁게 해 주는 유행하는 설교들을 성경 해석학적 관점에서 분석해 보면 너무나도 황당한 해석들이 많이 있다. 성경을 해석할 때, 가장 주의해야 하는 것은 단어나, 한 두 구절의 문장을 중심으로 해석하는 편협한 안목을 제거하는 것이다. 이단들이나 시한부 종말론 자들, 그리고 소위 요한계시록을 푼다는 사람들의 성경 해석을 보면 하나 같이 몇 몇 단어나, 혹은 몇 몇 구절을 중심으로 그들의 궤변을 전개하는 것을 보게 된다. 이단들은 하나님의 말씀인 성경을 자신들의 무식한 교주를 신격화하고 황당한 교리를 주장하기 위해 짜깁기하느라 정신없다. 시한부 종말론 자들과 요한계시록을 마치 판타지 전쟁 시나리오처럼 해석하는 사람들과 요한계시록의 실상이 자신들의 교주와 집단에서 이루어졌다고 사기 치는 이들의 주장을 보면 성경 몇 구절의 의미를 자신의 논리에 아전인수식으로 끼워 맞추고 있다.

그런데 문제는 이런 편협한 성경 해석이 오늘날 교회 안에서도 횡행한다는 사실이다. 온 교회 안에서 여기저기 설치고 다니며 복음의 생수를 쓴 물(계 8:11), 곧 세속의 단물로 변개시킨 기복주의 설교자들은 하나님의 말씀을 교인들의 구미에 맞추어 인생 문제 해법으로 제시하기 위해 허탄한 신화를 찾아 예화집을 뒤지느라 분주하다. 에덴동산 안에 있던 뱀처럼 교회 안에서 미혹하고 다니는 많은 거짓 선지자가 교인들의 욕구를 채워 주려는 한 가지 목적을 가지고 편협한 자기 생각과 의지를 따라 하나님의 말씀을 자기 방식대로 황당하게 해석한다. 그래서 먹을 것과 입을 것이 있은즉 족한 줄 모르고 부하여지려는 어리석은 신앙인들을 미혹하고 있다(딤전 6:8~10).

지금 교회 안에는 거짓 선지자들인 기복주의 목회자들에 의해 황당하게 해석된 성경 몇몇 구절이 '긍정'과 '꿈'이라는 광풍을 타고 교계를 풍미하고 있다. 그들의 왜곡된 성경 해석은 그들이 성경 해석의 기본을 무시했기 때문이다.

성경 해석에서 가장 중요한 것은 문맥을 따른 해석이다. 즉, 글의 흐름을 따르는 해석이다. 문맥 해석에는 근접 문맥 해석과 원접 문맥 해석이 있다. 근접 문맥 해석은 어떤 성경 한 구절을 해석하기 위해서 그 구절 가까이 있는 구절들을 종합해서 해석하는 방법이고, 원접 문맥 해석은 어떤 성경 한 구절을 해석하기 위해서 그 성경 구절이 포함된 단락 전체나 저자의 책 전체를 파악하는 방법이다. 그래서 원접 문맥 해석은 한 구절의 성경 말씀을 해석하기 위해서 그 구절이 포함된 복음서나 서신서 전체를 숙지하거나 혹은 예수 그리스도의 가르침 전체, 바울과 요한의 서신서 전체, 나아가서 신구약 성경 전체를 숙지하는 경우이다.

하나님의 말씀을 가감한다는 것은 하나님 말씀의 본래 의미를 자기들의 주장이나 생각으로 변개시키는 것을 말한다. 천지가 없어지기 전에는 일점일획도 땅에 떨어지지 않을 하나님의 말씀을(마 5:18) 목회자 개개인의 생각으로 가감한 죄악은 결코 용서받을 수 없다. 그들이 아무리 주의 이름으로 선지자 노릇을 했다고 해도 생명나무와 거룩한 성에 참여함을 제하여 버리실 것이다.

"내가 이 두루마리의 예언의 말씀을 듣는 모든 사람에게 증언하노니 만일 누구든지 이것들 외에 더하면 하나님이 이 두루마리에 기록된 재앙들을 그에게 더하실 것이요 만일 누구든지 이 두루마리의 예언의 말씀에서 제하여 버리면 하나님이 이 두루마리에 기록된 생명나무와 및 거룩한 성에 참여함을 제하여 버리시리라"(계 22:18~19)

신약 성경 가운데서 유일한 신탁의 말씀(계 1:1)인 요한계시록은 이처럼 하나님의 말씀을 가감한 죄악, 곧 성경을 왜곡되게 해석한 죄악을 결단코 용서하지 않을 것을 분명히 경고하고 있다.

# 01. 기적의 만나가 계시하는 영원한 신앙의 교훈

이스라엘 백성이 광야에서 체험한 가장 큰 기적은 만나를 통해서 일용할 양식을 공급 받은 것이다. 만나 기적은 이스라엘 백성으로 하여금 남들보다 잘 먹고 남들보다 잘살게 하려는 기적 체험이 아니다. 그래서 광야 1세대가 40년 동안 하루도 빠짐없이 하나님에게서 기적의 양식을 공급받았지만, 그들 가운데는 많이 거둔 자도 남음이 없고 적게 거둔 자도 모자람이 없었다.

"내가 이스라엘 자손의 원망함을 들었노라 그들에게 말하여 이르기를 너희가 해 질 때에는 고기를 먹고 아침에는 떡으로 배부르리니 내가 여호와 너희의 하나님인 줄 알리라 하라 하시니라 저녁에는 메추라기가 와서 진에 덮이고 아침에는 이슬이 진 주위에 있더니 그 이슬이 마른 후에 광야 지면에 작고 둥글며 서리같이 가는 것이 있는지라 이스라엘 자손이 보고 그것이 무엇인지 알지 못하여 서로 이르되 이것이 무엇이냐 하니 모세가 그들에게 이르되 이는 여호와께서 너희에게 주어 먹게 하신 양식이라 여호와께서 이같이 명령하시기를 너희 각 사람은 먹을 만큼만 이것을 거둘지니 곧 너희 사람 수효대로 한 사람에 한 오멜씩 거두되 각 사람이 그의 장막에 있는 자들을 위하여 거둘지니라 하셨느니라 이스라엘 자손이 그같이 하였더니 그 거둔 것이 많기도 하고 적기도 하나 오멜로 되어 본즉 많이 거둔 자도 남음이 없고 적게 거둔 자도 부족함이 없이 각 사람은 먹을 만큼만 거두었더라"(출 16:12~19)

광야 1세대가 비록 인류 역사에서 그 유례가 없는 40년 동안의 핍절한 광야 생활을 경험했지만, 그래서 가장 가난했고 가장 불편했고 가장 고달팠던 인생의 한 세대를 지나갔지만 그럼에도 그들에게는 구원의 한 분 하나님이 자신들과 함께 있는 영광의 시간을 경험했다. 바로 그것이 인생의 한 세대를 지나가면서 구원받은 하나님의 백성이 소유했던 하나님의 축복이고 하나님의 영광이다.

"네 하나님 여호와께서 네가 하는 모든 일에 네게 복을 주시고 네가 이 큰 광야에 두루 다님을 알고 네 하나님 여호와께서 이 사십 년 동안을 너와 함께 하셨으므로 네게 부족함이 없었느니라 하시기로"(신 2:7)

"네 하나님 여호와께서 이 사십 년 동안에 네게 광야 길을 걷게 하신 것을 기억하라 이는 너를 낮추시며 너를 시험하사 네 마음이 어떠한지 그 명령을 지키는지 지키지 않는지 알려 하심이라 너를 낮추시며 너를 주리게 하시며 또 너도 알지 못하며 네 조상들도 알지 못하던 만나를 네게 먹이신 것은 사람이 떡으로만 사는 것이 아니요 여호와의 입에서 나오는 모든 말씀으로 사는 줄을 네가 알게 하려 하심이니라 이 사십 년 동안에 네 의복이 해어지지 아니하였고 네 발이 부르트지 아니하였느니라"(신 8:2~4)

하나님께서는 40년 동안 일용할 양식의 기적인 하늘의 만나를 이스라엘 백성에게 공급하시면서 그들로 하여금 먹을 것과 입을 것이 있은 즉 족한 줄 알아야 하는 자족을 누리는 삶, 사람이 떡으로만 사는 것이 아니요, 여호와의 입에서 나오는 모든 말씀으로 사는 삶을 교육하셨다.

만일 물질 축복받아 부자 되고, 소유하게 된 부로 더 많은 십일조를 하고 선교사업을 하는 것이 우리를 향하신 하나님의 뜻이라면, 하나님께서는 이스라엘 백성에게 일용할 양식 분량만이 아니라 엄청난 양의 만나를 당신의 그 크신 능력으로 상하지 않고 썩지 않게 제공하셔서, '기근에서 영원히 해방되는 기적의 만나'라는 상표를 붙여 애굽 족속과 모압 족속과 애돔 족속에게 유통하게 하셨을 것이다. 그 당시 식량 문제는 고대 근동 지방에서 가장 절박한 경제 문제였다. 고대 사람들은 오로지 내일의 먹거리 문제를 해결 받기 위해 자기 자식까지 죽여서 그들이 섬기는 신들의 마음을 움직이려 했다. 이런 배경에서 생각해 보면, 만약 하나님께서 이스라엘 백성에게 한 사람분의 일용할 만나가 아니라 매 사람에게 최소한 열 명분의 만나라도 제공하셔서 매일 이웃 족속들에게 팔도록 하셨다면 기적의 양식 만나는 당시에 독점적 생존 필수품으로 세상 모든 족속의 먹거리 문제를 단번에 해결했을 것이다. 그 결과 모든 세상 족속들이 매일 이스라엘 민족을 찾아와서 돈다발을 바치며 민족 단위별로 총판권을 따기 위해서 장사진을 쳤을 것이다. 그 결과 이스라엘 백성 곧 광야 1세대는 단번에 당대 세계 경제 상권을 틀어잡고 세계 경제 흐름을 좌지우지하는 경제 대국이 되었을 것이다. 세상 모든 족속은 매일 이스라엘 백성의 탁월한 영향력 앞에서 얼마나 머리를 조아리며 굽신굽신했겠는가. 나아가서 이스라엘 백성은 자신들이 소유한 막대한 부와 영향력을 통해서 그토록 절박한 먹거리 문제로 다른 신을 찾았던 이방의 모든 족속을 여호와의 교인으로 개종시켜서 모든 세계를 여호와 단일 종교 체제로 편입시킬 수 있었을 것이다. 얼마나 확실한 선교 사업인가? 전능하신 하나님의 능력이라면 이스라엘 각 개인의 분량만이 아니라 각 개인에게 백 명의 분량만이라도 매일 내려 주시면서 그 만나를 상하지 않게 못 하셨겠는가?

이런 의미의 연장선상에서 우리는 주님께서 벳새다 들녘에서 보리떡 다섯 개와 물고기 두 마리로 남자 수만 해도 오천 명이나 되는 사람을 먹이셨던 가장 큰 기적 사건을 되돌아 보아야 한다. 먼저 오병이어의 기적은 이스라엘 백성들이 40년 동안 체험했던 만나 기적과 마찬가지로 일용할 양식의 기적이었다. 결단코 이스라엘 백성 가운데서 가난한 모든 사람에게 평생 떳거리를 해결해 주려는 기적이 아니었다.

주님께서는 오병이어 기적 사건을 일으키신 후, 자신을 임금 삼으려는 군중을 뒤로하고 당신도 피하셨을 뿐만 아니라 제자들도 고난의 바다 한가운데로 내보내셨다(요 6:1~21). 그러나 만약 주님께서 그렇게 하지 않으시고 제자들과 함께 벳

새다 들녘에서 한 일 년 정도, 아니 한 달만이라도 머무시면서 계속해서 오병이어의 기적을 매일 재현하셨다면 어떤 일이 벌어졌을까? 아마 그 기간에 그곳에 있던 모든 사람이 당시 자신들에게 가장 절박한 문제였던 먹거리 문제를 일순간에 해결 받고 결신 시간을 통해 모두가 다 출석 교인이 되었을 것이다. 그리고 예수님께서 제자들에게 '기적의 축복 현장으로 나와서 메시아를 영접하라!'라는 플래카드를 이스라엘 모든 동네에 붙이게 하고 축복 부흥 성회를 계속해서 개최하셨다면, 아마 경제 문제를 해결 받기 위해 이방의 땅으로 나가서 돈벌이에 급급했던 디아스포라 유대인들까지도 돌아와서 예수님을 그들의 구주로 영접하고 메시아 왕국의 역군들이 되었을 것이다. 그리고 보리떡 다섯 개와 물고기 두 마리로 장정 오천 명을 먹이셨는데 이와 같은 기적의 능력으로 벽돌 다섯 개와 시멘트 두 포대만을 가지고도 예수님께서는 지금의 천 억짜리 예배당 건물은 물론이거니와 가이사의 궁궐보다도 더 큰 하나님의 성전을 건축해서 무수한 사람들을 전도할 수 있지 않았겠는가? 단번에 전 세계는 예수 그리스도의 복음을 영접했을 것이다. 그러나 주님께서는 그와 같은 방법을 배격하셨다.

지금은 어떤가? 예수님께서는 그 큰 기적을 일으키실 수 있는 능력을 가지신 분임에도 당신을 영원히 임금 삼으려는 백성의 열렬한 환호를 뒤로하고 십자가 길을 걸어가셨건만, 주님의 제자임을 자처하는 목회자들이 메시아 자리와는 비교도 할 수 없는 그까짓 일이십 년간의 당회장 자리에 연연하며 예수 믿고 꿈을 이루고, 예수 믿고 응답을 받고, 예수 믿고 해결을 받고, 예수 믿고 잘된다는 천인공노할 막말을 하나님의 말씀이라고 전하면서 "주여! 주여!"하는 사람들을 악착같이 닥치는 대로 불러 모아 초호화 예배당 건물을 건축하는 데 여념이 없다. 그러면서 아방궁 같은 예배당 건물을 천만 원짜리 신문 광고에 대문짝만하게 과시하고는 "하나님이 다 하셨습니다!"라는 문구 한마디를 적어 넣고는 하나님께 영광 돌린다고 요란을 떤다. 그것이 과연 하나님이 원하시는 일인가?

서기관들과 바리새인들은 바다와 육지를 두루 찾아다니는 악착같은 전도를 통해 교인 하나를 얻었지만, 배나 더 지옥 자식이 되게 했다(마 23:15)고 주님께 책망받았음을 기억해야 한다. "주여! 주여!"한다고 하나님의 나라에 들어가는 것이 아니라 하나님의 뜻을 행해야 하나님의 나라에 들어간다. 하나님의 뜻을 행하지는 않고 또한 주의 이름으로 선지자 노릇까지 한 많은 목회자가 그날에 주님께 철저하게 외면당하고(마 7:21~23) 마귀와 그 사자들을 위해 예비된 영원한 불에 들어가게 될 것이다(마 25:41). 이것이 성경이 계시하는 가감 없는 진정한 예언이다.

# 02. 홍해 도하 사건을 바라보는 서로 다른 해석과 적용의 차이

바울은 모세가 인도한 출애굽과 홍해 도하를 그리스도인이 받아야 할 신령한 세례로 해석하고 적용했다.

"형제들아 나는 너희가 알지 못하기를 원하지 아니하노니 우리 조상들이 다 구름 아래에 있고 바다 가운데로 지나며 모세에게 속하여 다 구름과 바다에서 세례를 받고"(고전 10:1~2)

반면에 오늘날 많은 목회자는 이 홍해 도하 사건을 인생 문제 해결의 기적으로 해석하고 적용한다. 그래서 홍해 도하의 기적을 일으키신 하나님의 이름으로 인생 문제에 대한 틀림없는 해법 곧 해결과 응답을 호언장담한다. 그러나 홍해 도하를 문제 해결의 기적으로 해석하는 것과 신령한 세례로 해석하는 결과는 신앙의 노선과 목적에 엄청난 차이를 가져온다. 당연히 홍해 도하 사건을 인생 문제 해법으로 확신하며 "주여! 주여!"하는 사람들은 멸망의 대로를 활보하며 기복신앙에 빠져든다.

홍해 도하를 신령한 세례로 해석한 바울의 서신서는 그 핵심 주제가 '성화'이다. 그래서 교회로 하여금 신앙의 목적을 그리스도의 형상을 이루어가는 일(갈 4:19) 곧 하나님을 향한 거룩한 책임에 집중하게 한다.

홍해 도하 사건을 세례로 해석한 바울은 그의 서신에서 세례를 예수 그리스도의 죽으심과 부활하심에 연합하는 것으로 해석한다. '예수 그리스도의 죽음'과의 연합을 죄악된 과거의 구습을 따르는 우리 옛사람의 죽음으로, '예수 그리스도의 부활'과의 연합을 새 생명 안에서 의와 진리와 거룩함을 따르며 죄에게 종노릇하지 않는 새사람을 입어가는 과정으로 해석한다.

"무릇 그리스도 예수와 합하여 세례를 받은 우리는 그의 죽으심과 합하여 세례를 받은 줄을 알지 못하느냐 그러므로 우리가 그의 죽으심과 합하여 세례를 받음으로 그와 함께 장사되었나니 이는 아버지의 영광으로 말미암아 그리스도를 죽은 자 가운데서 살리심과 같이 우리로 또한 새 생명 가운데서 행하게 하려 함이라 만일 우리가 그의 죽으심과 같은 모양으로 연합한 자가 되었으면 또한 그의 부활과 같은 모양으로 연합한 자도 되리라 우리가 알거니와 우리의 옛 사람이 예수와 함께 십자가에 못 박힌 것은 죄의 몸이 죽어 다시는 우리가 죄에게 종노릇하지 아니하려 함이니"(롬 6:3~6)

"너희는 유혹의 욕심을 따라 썩어져 가는 구습을 따르는 옛 사람을 벗어 버리고 오직 너희의 심령이 새롭게 되어 하나님을 따라 의와 진리의 거룩함으로 지으심을 받은 새 사람을 입으라"(엡 4:22~24)

"또 그 안에서 너희가 손으로 하지 아니한 할례를 받았으니 곧 육의 몸을 벗는 것이요 그리스도의 할례니라 너희가 세례로 그리스도와 함께 장사되고 또 죽은 자들 가운데서 그를 일으키신 하나님의 역사를 믿음으로 말미암아 그 안에서 함께 일으키심을 받았느니라"(골 2:11~12)

반면에 홍해 도하를 문제 해결의 기적으로 해석하는 목회자의 설교는 그 핵심 주제가 이 땅에서 먹고 마시고 입고와 관련된 문제 해결이 주제가 된다. 그들은 교회로 하여금 신앙의 목적을 이 땅에서 인생 문제 해결과 축복 응답의 꿈에 집중하게 한다. 그 결과 그들의 가르침에 인이 박인 어리석은 교회는 '성화'를 힘쓰는 믿음의 선한 싸움(딤전 6:11~12)에 매진하지 않고 해결과 응답을 향한 이방인의 기도에 열중한다.

하나님께서 우리에게 요구하시는 신앙의 열매는 성화(聖火)의 열매이지 문제 해결을 받고 축복 응답을 받고 소원의 꿈을 이루는 부와 성공의 열매가 아니다. 그러므로 사도 바울의 서신에는 인생 문제와 관련된 낙관적 축복 타령이나 승리 타령이 전혀 기록되어 있지 않다. 그는 오로지 구원받은 자의 책임 있는 삶에 대해 명령한다. 이처럼 그의 서신이 구원받은 교회가 어떤 삶을 살아야 하는가에 대한 책임과 의무로 일관하고 있는 것은 그의 성경 해석이 오로지 '죄인 구속'이라는 구원 교리에 기초한 성경 해석에서 비롯되었기 때문이다.

40일을 금식한 예수 그리스도께서는 극한 주림 속에서도 돌로 떡을 만들어서 배고픔을 해결하기보다는 하나님의 말씀과 그 말씀에 대한 순종의 길을 택하셨다. 바로 이것이 사탄의 시험을 이긴 예수 그리스도의 첫 번째 결단이다.

그러나 오늘날 많은 거짓 선지자는 하나님의 말씀을 저급한 육신의 문제 해결을 위한 기적의 떡 이야기로 해석하고 있다. 그래서 교인들이 배 좀 고프다 하면, 그들에게 영원히 먹고 배고프지 않을 신령한 생명의 떡인 하나님의 말씀이 명령하는 제자도의 삶(눅 14:26~27, 33)을 교훈하는 것이 아니라 돌로 떡을 만들어 먹는 저급한 기적의 신념을 가르치는 데 너도 나도 혈안이 되어 있다. 결국 그들은 사탄의 하수인들이다.

# 03. 지금도 확장 공사 중인 멸망의 대로

설교의 원천은 성경이다. 그리고 성경은 예수 그리스도를 증언하고 있다. 그러므로 설교의 내용과 설교의 목적은 오로지 예수 그리스도를 향해야 한다. 그러나 오늘날 많은 거짓 선지자의 설교는 인생의 꿈과 인생의 부요와 인생의 성공을 향하고 있다. 이런 설교의 마지막 목적지는 예수 그리스도가 아니라 사라지고 썩게 될 인생이다.

인생은 그 영화가 아무리 아름답고 찬란해도 아침 안개의 사라짐과 같고, 떨어지는 꽃의 쇠잔함과 같다는 것이 성경의 증언이다. 그럼에도 오늘날의 설교는 그 목적지가 예수 그리스도가 아니고 인생이 되다 보니 그 내용 또한 인생의 교훈이라는 형형색색의 예화 벽지로 도배되어 있다. 그러나 인생의 교훈, 즉 사람의 계명과 하나님의 말씀은 다른 것이다.

하나님의 말씀은 영원하다. 그러므로 구약 율법의 일점일
획도 땅에 떨어지지 않고 복음으로 영원히 존재한다. 그런 의
미에서 신약은 인생 성공의 지침서가 아니라 율법의 영원한
본질을 해석하고 있다. 그런데 오늘날 많은 설교자는 성경 본
문에서 하나님께서 말씀하시는 메시지를 끄집어내는 것이
아니라 인생의 부요와 성공의 꿈을 소원하기에 여념 없는 청
중의 구미에 아부하기 위해 하나님의 영광이라는 그럴듯한
명분 아래 수없이 많은 부자 예화, 성공 예화를 만들어 낸다.
그러면서 자신들이 만들어 낸 부자 예화, 성공 예화를 정당화
하기 위해 예수님께서도 많은 비유 예화를 인용하셨다고 한
다. 그러나 예수님의 비유는 그와 같은 부자 예화, 성공 예화
들과는 차원이 다르다.

예수님의 비유는 택한 자들에게만 천국의 비밀을 말씀하
시기 위해서 베풀어졌다.

"제자들이 예수께 나아와 이르되 어찌하여 그들에게 비유
로 말씀하시나이까 대답하여 이르시되 천국의 비밀을 아
는 것이 너희에게는 허락되었으나 그들에게는 아니 되었
나니 무릇 있는 자는 받아 넉넉하게 되되 없는 자는 그 있
는 것도 빼앗기리라 그러므로 내가 그들에게 비유로 말하

는 것은 그들이 보아도 보지 못하며 들어도 듣지 못하며
깨닫지 못함이니라"(마 13:10~13)

설교를 듣는 모든 청중의 귀를 즐겁게 하기 위해 만들어진
부자 예화 성공 예화는 이제 막 교회에 출석한 어린아이들조
차도 그 의미를 확실히 이해할 수 있다. 그러므로 예수님이
베푸신 비유와 오늘날 설교자들의 예화는 본질에서 차이가
있다.

오늘날 설교자들은 자기가 전하고 싶은 메시지를 자기가
읽은 성경에 집어넣거나 아니면 자기가 사용하고 싶은 예화
를 확증하기 위해, 혹은 자기가 설교하고자 하는 목적에 부합
시키기 위해 성경 한 구절을 끄집어낸다. 그래서 그 성경 본
문의 문맥적, 문법적, 교리적, 역사적, 배경적, 바탕을 무시한
채 본문을 해석한다. 바로 이것이 성경을 억지로 푸는 죄악이
다(벧후 3:16).

사도 바울은 축복받은 삶을 잘살고 못살고를 기준으로 구
분하지 않았다. 그가 구분한 복된 삶의 기준은 오로지 우리가
'예수 그리스도 안에 있는 인생인가, 밖에 있는 인생인가' 하
는 것이었다. 그에 의하면 아무리 잘난 인생을 살아도 그 사
람이 예수 그리스도 밖에 있다면 그의 삶은 소망이 없는 인생

이다.

"그때에 너희는 그리스도 밖에 있었고 이스라엘 나라 밖의
사람이라 약속의 언약들에 대하여는 외인이요 세상에서
소망이 없고 하나님도 없는 자이더니"(엡 2:12)

사도 바울이 생각하는 복되고 영광스러운 삶은 예수 그리
스도 안에 있는 삶이다. 아무리 고난 가운데 있다 할지라도
예수 그리스도 안에 있다면 모든 것을 가진 삶이다(고후 6:10).
그러므로 그는 오로지 예수 그리스도 안에서 발견되기를 열
망하며 자신이 쌓아왔던 모든 인생의 발판을 미련 없이 던져
버리고 자신이 소유했던 부와 명성을 아낌없이 배설물로 버
렸다.

"그러나 무엇이든지 내게 유익하던 것을 내가 그리스도를
위하여 다 해로 여길뿐더러 또한 모든 것을 해로 여김은
내 주 그리스도 예수를 아는 지식이 가장 고상하기 때문이
라 내가 그를 위하여 모든 것을 잃어버리고 배설물로 여김
은 그리스도를 얻고 그 안에서 발견되려 함이니"(빌 3:7~9
전)

지금 교회는 완전히 세속적인 축복 개념에 사로잡혀서 미신적인 축복 신앙에 빠져 있다. 좋은 대학 진학하고 대기업 입사하고 '사'자 달린 배필 만나면 복 받은 인생이다. 장사가 잘되고 사업에 성공하고 돈 많이 벌면 꿈을 이루고 기도 응답을 받은 인생이다. 메이커 아파트에 거주하고 고급 차를 타고 다니면 그것도 잘나가는 인생이다. 이런 기준의 축복관을 가지다 보니 믿음의 꿈이라고 디자인하는 모든 것들이 하나같이 세상에서 칭찬받고 인정받는 잘된 인생이다.

오늘도 교회는 미래의 잘된 인생을 꿈꾸며 디자인하기에 여념이 없다. 그 소원의 꿈을 긍정으로 확신하며 세속화된 신앙의 대로를 활보한다. 자고로 멸망에 이르는 대로는 넓은 법이다. 주님께서 감람산 강화에서 경고하셨던 대로 당신의 재림 때까지 극성을 부릴 '거짓 선지자와 거짓 그리스도의 미혹'(마 24:4~5, 11, 24~25)은 지금까지 교회 밖에서뿐 아니라 교회 안에서도 성취되었고 성취되고 있다. 이 거짓 선지자들은 지금도 교회 안에서 세속적인 번영으로 이끄는 멸망의 대로를 확장 공사하느라 정신없이 분주하다. 그들이 포장한 멸망의 대로를 음행의 포도주에 취한 교회가 과속 질주한다. 그러나 과속의 종착지는 천국이 아니라 지옥이다.

거짓 선지자들은 부자 예화 성공 예화를 수도 없이 만들어

내는 자들이다. 그들이 바로 거짓말을 지어내는 자들이다. 어리석은 교회는 그 예화들을 즐겨 들으며 오늘도 헛된 부요와 성공의 꿈을 디자인하느라 여념이 없다. 이 어리석은 교회가 바로 거짓말을 좋아하는 자들이다. 거짓말을 지어내며 거짓말을 좋아하는 이들(계 22:15) 곧 맹인의 인도를 받는 맹인들은 반드시 멸망의 구덩이에 함께 빠질 것이다(마 15:14).

## 04. 하나님의 종인가
## 짐승인가

　구약에서 참된 선지자들은 항상 열띤 예배 문화에 함몰된 구약 이스라엘을 향해 율법에 전적으로 순종하는 열매 맺는 삶을 명령했다. 그리고 그들이 백성에게 제시했던 궁극적 소망은 오로지 약속의 메시아가 가져오실 '하나님의 나라와 의'였다. 그러나 평강 타령했던 구약의 거짓 선지자들은 아브라함 자손이라는 특권 의식에 고무되어 있는 방종한 이스라엘에게 율법에 전적으로 순종하는 열매 맺는 삶을 가르쳤던 것이 아니라 항상 복 받는 법을 가르쳤다. 그리고 그들이 백성에게 가르쳤던 소망은 약속의 메시아가 가져오실 하나님의 나라와 의가 아니라 당면한 밭농사와 목축업과 관련된 인생 해법이었다.

　근시안적인 신앙관에 빠져 있었던 어리석은 이스라엘 백

성은 항상 당면한 인생 문제의 즉각적 해법을 제시해 주는 거짓 선지자들은 열렬히 환영했던 반면, 다가오는 '하나님의 나라와 의' 앞에 흠도 점도 없이 나타나기 위해 율법에 전적으로 헌신하는 신앙의 본분을 가르치며 회개에 합당한 열매를 촉구하는 참 선지자들은 철저하게 배척했다.

구약 이스라엘은 평강 타령하는 거짓 선지자들의 거짓 예언을 따라 밭농사와 목축업이 번창하는 인생의 꿈을 먹으면서 참된 선지자들이 제시한 신앙의 기준과는 전혀 상관없는 강퍅한 신앙의 담을 '꿈'이라는 이름을 붙여 견고하게 쌓아 갔다. 거짓 선지자들은 잘되는 인생, 곧 세속의 꿈에 부푼 구약 이스라엘의 헛된 믿음의 담에 "꿈이 있는 자는 망하지 않는다."며 신바람 나게 회칠했다. 이들에 대해 하나님께서는 철저한 심판을 경고하셨다.

> "이렇게 칠 것은 그들이 내 백성을 유혹하여 평강이 없으나 평강이 있다 함이라 어떤 사람이 담을 쌓을 때에 그들이 회칠을 하는도다 그러므로 너는 회칠하는 자에게 이르기를 그것이 무너지리라 폭우가 내리며 큰 우박덩이가 떨어지며 폭풍이 몰아치리니 그 담이 무너진즉 어떤 사람이 너희에게 말하기를 그것에 칠한 회가 어디 있느냐 하지 아

니하겠느냐 그러므로 나 주 여호와가 말하노라 내가 분노하여 폭풍을 퍼붓고 내가 진노하여 폭우를 내리고 분노하여 큰 우박덩어리로 무너뜨리리라 회칠한 담을 내가 이렇게 허물어서 땅에 넘어뜨리고 그 기초를 드러낼 것이라 담이 무너진즉 너희가 그 가운데에서 망하리니 나를 여호와인 줄 알리라 이와 같이 내가 내 노를 담과 회칠한 자에게 모두 이루고 또 너희에게 말하기를 담도 없어지고 칠한 자들도 없어졌다 하리니 이들은 예루살렘에 대하여 예언하기를 평강이 없으나 평강의 묵시를 보았다고 하는 이스라엘의 선지자들이니라 주 여호와의 말씀이니라"(겔 13:10~16)

에스겔 선지자는 평강 타령하는 거짓 선지자들을 가리켜 황무지에 있는 여우라고 했다.

"이스라엘아 너의 선지자들은 황무지에 있는 여우 같으니라"(겔 13:4)

요한계시록은 하늘에서 불을 끌어내리며 땅에 소망을 둔 자들을 미혹하는 존재를 새끼 양 같은 두 뿔 가진 짐승으로 명명하고 있다.

"내가 보매 또 다른 짐승이 땅에서 올라오니 어린 양같이
두 뿔이 있고 용처럼 말을 하더라 그가 먼저 나온 짐승의
모든 권세를 그 앞에서 행하고 땅과 땅에 사는 자들을 처
음 짐승에게 경배하게 하니 곧 죽게 되었던 상처가 나은
자니라 큰 이적을 행하되 심지어 사람들 앞에서 불이 하늘
로부터 땅에 내려오게 하고 짐승 앞에서 받은바 이적을 행
함으로 땅에 거하는 자들을 미혹하며 땅에 거하는 자들에
게 이르기를 칼에 상했다가 살아난 짐승을 위하여 우상을
만들라 하더라"(계 13:11~14)

예루살렘 거리를 활보하며 평강 타령에 열중했던 구약의
거짓 선지자들의 길을 따라 지금 교회 안에는 복 타령, 꿈 타
령, 해결 타령, 응답 타령, 역전 타령하는 거짓 선지자들이 하
늘에서 끌어내린 복술의 불로 여기저기 광야와 골방에서까
지 활활 타오르게 한다. 미국에서 큰 별과 같은 목회자가 긍
정의 힘을 설교하면 순식간에 이 불은 서울 한복판의 모든 목
회자의 입을 달구어 버리고 급기야는 광야와 골방 같은 시골
의 목회자들까지 농사짓고 가축 기르는 농민들을 불러 모아

놓고 '긍정의 힘'을 외친다. 여기에 더하여 "꿈이 있는 자는 망하지 않는다."라며 우렁찬 기합 소리로 결정적 한 방을 날린다. 이 한방으로 농사짓던 평범한 농부도 역전의 꿈을 디자인한다.

하나님의 백성이 바라보아야 하는 다가오는 미래는 눈에 보이는 잠시 잠깐의 세속적 영광이 아니라 장차 나타날 중하고도 영원한 생명의 영광이다(고후 4:17~18; 골 3:4). 그러므로 교회는 사라질 세속적인 꿈의 성취를 위해 긍정의 힘을 염불할 것이 아니라 영생의 소망을 불태우며 의와 경건과 믿음과 사랑과 인내와 온유의 열매를 결실하는(딤전 6:11~12) 데 매진해야 한다. 그러나 '복 술'과 '꿈 술'에 취한 교회는 자신이 벌거벗은 줄도 모르고 긍정의 꿈을 디자인하는 신앙의 부요한 자로 자처한다(계 3:17).

지금 교회에게 필요한 것은 '꿈과 긍정'이 아니라 '흰옷'이다. 벌거벗은 교회는 이 흰옷을 사서 입어 자신의 수치를 가려야 한다(계 3:17~18). 이 흰옷은 행위의 온전함이다(계 3:1~2, 4). 교회는 꿈과 긍정으로 요란하게 "주여! 주여!"하는 입술의 믿음이 아니라, 행함으로 온전해진 믿음을 가져야 한다. 그것은 "주여! 주여!"하는 믿음으로만이 아니라 하나님의 뜻을 행하는 것으로 온전해진 믿음, 하나님의 뜻을 행하는 것과 함께하는 믿음만이 우리를 구원할 것이기 때문이다(마 7:21; 약 2:14~17, 22).

지금 이 순간 종말 교회를 향한 하나님의 명령은, 하나님의 요구는, 처음 사랑의 행위를 회복하지 않으면 촛대를 옮기겠다는 것이다(행 4:32~35; 계 2:5). 행위의 온전함, 즉 흰옷을 입지 않은 교회는 당신의 입에서 토하여 내치시겠다는 것이다(계 3:1~2, 4, 17~18). 이 의미는 아브라함에게 육신의 자녀였던 이스라엘을 버리고, 새 이스라엘인 이방인 교회를 믿음을 따라 구원하셨듯이 구원받았다고 자신하는 "주여! 주여!"하는 이방인 교회를 아껴보지 않고 심판하시겠다는 의미이다.

이에 대해 사도 바울은 다음과 같이 경고한다.

"또한 가지 얼마가 꺾이었는데 돌감람나무인 네가 그들 중에 접붙임이 되어 참감람나무 뿌리의 진액을 함께 받는 자가 되었은즉 그 가지들을 향하여 자랑하지 말라 자랑할지라도 네가 뿌리를 보전하는 것이 아니요 뿌리가 너를 보전하는 것이니라 그러면 네 말이 가지들이 꺾인 것은 나로 접붙임을 받게 하려 함이라 하리니 옳도다 그들은 믿지 아니하므로 꺾이고 너는 믿으므로 섰느니라 높은 마음을 품지 말고 도리어 두려워하라 하나님이 원 가지들도 아끼지

아니하셨은즉 너도 아끼지 아니하시리라"(롬 11:17~21)

## 05. 신령한 기도 제목

사도 바울에게는 근심이 있었다.

"내가 그리스도 안에서 참말을 하고 거짓말을 아니하노라 나에게 큰 근심이 있는 것과 마음에 그치지 않는 고통이 있는 것을 내 양심이 성령 안에서 나와 더불어 증언하노니"(롬 9:1)

그의 근심은 자신의 골육지친과 다름없는 동포, 곧 이스라엘 민족이 하나님을 알지 못하는 것과 예수 그리스도를 못 박아 죽인 죄를 깨닫지 못하고 회개하지 않는 것이었다. 이스라엘은 하나님께서 그들에게 약속하신 메시아이신 예수 그리스도를 못 박았다.

이 사실 때문에 바울은 자신이 저주를 받는다고 할지라도 차라리 동족 이스라엘이 하나님에게로 돌아가기를 간절히 열망했다.

> "나의 형제 곧 골육의 친척을 위하여 내 자신이 저주를 받아 그리스도에게서 끊어질지라도 원하는 바로라"(롬 9:3)

이스라엘 민족이 누구인가? 그들은 세상 모든 족속 가운데서 하나님에 의해 선택된 민족이었다(암 3:2). 사도 바울은 이스라엘 민족이 하나님으로부터 받았던 특별한 복과 영광에 대해서 다음과 같이 말한다.

> "그들은 이스라엘 사람이라 그들에게는 양자 됨과 영광과 언약들과 율법을 세우신 것과 예배와 약속들이 있고 조상들도 그들의 것이요 육신으로 하면 그리스도가 그들에게서 나셨으니 그는 만물 위에 계셔서 세세에 찬양을 받으실 하나님이시니라 아멘"(롬 9:4~5)

오늘날 많은 목회자가, 우리나라가 이만큼 경제 성장을 이룬 것은 천만 성도의 기도 덕분이라고 한다. 그들은 하나님의 백성이 하나님으로부터 받은 복이 무엇인가를 알지 못하는 사람이다.

사도 바울은 이스라엘 민족이 세상 모든 족속과 비교해서 하나님에게서 받은 영광의 복이 있는데, 그것은 이스라엘이 이웃 나라보다 정치 경제적으로 강대국이어서가 아니라, 하나님의 백성이었기 때문이라고 한다. 곧 그들만이 구원받을 수 있는 유일한 민족이었기 때문이다. 그에 의하면 아무리 이스라엘 민족이 이웃 국가와 비교해서 정치 경제적으로 미약하다 할지라도 그들에게는 '하나님의 백성'이라는 하나님의 구원과 관련된 신분적 특권이 있었기 때문에 그들은 복 되고 영광스러운 민족이었다.

사도 바울에게 있어서 '복'과 '영광'은 하나님의 약속 안에 있는지 없는지, 예수 그리스도 안에 있는지 없는지, 곧 구원을 받을 것인지 못 받을 것인지와 관련이 있다. 그러므로 그는 당시 핍절과 핍박 가운데 있던 교회를 향해 하늘에 속한 모든 복을 받았다고 했다. 교회가 하늘에 속한 모든 복을 받은 이유는 그들이 예수 그리스도 안에서 구원을 받았기 때문이다.

"찬송하리로다 하나님 곧 우리 주 예수 그리스도의 아버지께서 그리스도 안에서 하늘에 속한 모든 신령한 복을 우리에게 주시되 곧 창세 전에 그리스도 안에서 우리를 택하사 우리로 사랑 안에서 그 앞에 거룩하고 흠이 없게 하시려고 그 기쁘신 뜻대로 우리를 예정하사 예수 그리스도로 말미암아 자기의 아들들이 되게 하셨으니 이는 그가 사랑하시는 자 안에서 우리에게 거저 주시는바 그의 은혜의 영광을 찬송하게 하려는 것이라 우리는 그리스도 안에서 그의 은혜의 풍성함을 따라 그의 피로 말미암아 속량 곧 죄 사함을 받았느니라"(엡 1:3~7)

사도 바울은 오늘 우리와는 차원이 다른 복의 개념을 가지고 있었기 때문에 이스라엘 민족의 경제 성장과 정치적 독립을 위해서 기도했던 것이 아니라, 이스라엘의 민족적 회심을 위해서 간절히 기도했다. 그러나 오늘 우리는 좋은 대학 들어가고, 일류 직장 입사하고, 좋은 배필 만나고, 진급 승진 잘하고, 사업 성공하는 것을 복이라고 생각한다. 그러므로 오늘 우리는 진로 문제, 가정 문제, 인생 문제 해결과 응답을 위해서 소원을 두고 간절히 기도한다.

오늘 우리의 가장 간절한 소원, 가장 간절한 기도 제목은 인생 문제의 형통이고 해결이고 응답이다. 그러다 보니 자녀가 좋은 대학 들어가면 그저 그만이다. 일류 직장만 들어가면 더 바랄 것이 없다. 거기에 더해서 좋은 배필 만나면 모든 것을 가진 것이다. 나아가서 남들보다 높이 올라가고 남들보다 더 많은 돈만 벌면 대박이다. 걱정 근심이 사라진다.

　그러나 사도 바울에게는 신령한 소망이 있었다. 그 소망은 이 땅에서 꿈의 성취가 아니었다. 그는 예수 그리스도의 부활의 권능을 알고자, 그리고 예수 그리스도의 고난에 참여함을 절실히 경험하고자, 어떻게 하든지 죽은 자 가운데서 부활에 이르는 것이었다.

"내가 그리스도와 그 부활의 권능과 그 고난에 참여함을 알고자 하여 그의 죽으심을 본받아 어떻게 해서든지 죽은 자 가운데서 부활에 이르려 하노니"(빌 3:10~11)

"내가 이미 얻었다 함도 아니요 온전히 이루었다 함도 아니라 오직 내가 그리스도 예수께 잡힌바 된 그것을 잡으려고 달려가노라 형제들아 나는 아직 내가 잡은 줄로 여기지 아니하고 오직 한 일 즉 뒤에 있는 것은 잊어버리고 앞에 있는 것을 잡으려고 푯대를 향하여 그리스도 예수 안에서 하나님이 위에서 부르신 부름의 상을 위하여 달려가노

라"(빌 3:12~14)

사도 바울은 주를 위한 죽음을 얻고자 했다. 주를 위한 죽음을 이루고자 했다. 그래서 주와 같이 죽은 후에 부활의 영광에 동참하고자 달리고 달려갔다. 결국, 사도 바울은 주를 위한 죽음을 소망했고 그 죽음을 향해 힘써 달려갔다. 그러나 오늘 우리는 무엇을 얻기 위해 살아가는가? 무엇을 이루기 위해 살아가는가? 그리고 얻고자 하며 이루고자 하는 소망이 대체 어떤 것이기에 그 소망을 향해 달려간다고 그토록 난리들이며 소란한 것인가?

사도 바울은 이 땅에서 주를 위한 죽음을 열망했다. 그러나 오늘 우리가 열망하는 것은 이 세상에서 잘되는 삶, 잘사는 삶이다. 그것도 남들보다 더 잘되는 삶, 더 잘사는 삶이다. 그러면서 얼마나 소란스럽게 난리들인지 입만 열었다 하면 자신만은 주를 위해 무엇이든지 할 수 있다고 큰소리친다. 우리는 모두 하나같이 자신의 신앙을 대단하고 탁월하게 생각하며 자신만은 성공하고 돈 벌어서 남들보다 십일조 많이 하고, 큰 선교 사업하고, 큰 구제 사업할 것이라고 호언장담들을 한다.

베드로도 한때 주님 앞에서 감히 자신의 신앙을 장담했다.

그는 다른 모든 사람이 주를 버려도 자신만은 결코 주를 버리지 않겠다고 했다(마 26:33). 베드로의 큰소리는 일면 이해가 되기도 한다. 그는 주인이신 예수 그리스도를 따라 소유와 처자를 떠나서 3년간이나 주님과 동고동락했다. 어느 누가 그와 같이 스승의 길을 따라 모든 것을 버리고 고난의 길에 헌신할 수 있겠는가? 그러나 주님께서는 베드로를 향해 "내가 진실로 네게 이르노니 오늘 밤 닭 울기 전에 네가 세 번 나를 부인하리라"(마 26:34)고 하셨다. 그리고 그는 주님의 예언대로 무려 세 번에 걸쳐 저주까지 곁들이며 주님을 부인했다.

사람은 정도의 차이는 있을지언정 모두가 거기서 거기이다. 남과 자신은 다르다고 아무리 큰소리쳐도 남이 나약한 만큼 나약하고, 남이 비겁한 만큼 비겁한 존재이다. 다른 사람이 넘어지는 일에는 자신도 넘어진다. 다른 사람이 죄를 지으면 자신도 그와 같은 상황에서 죄를 짓는다. 다른 사람이 그와 같은 상황에서 시험에 빠지면 정도의 차이가 있을 뿐이지 자신도 시험에 무너진다.

주님께서는 제자들에게 분명히 죽기 위해 예루살렘에 올라가신다고 하셨다. 그리고 부활하실 것도 말씀하셨다.

"예수께서 예루살렘으로 올라가려 하실 때에 열두 제자를 따로 데리시고 길에서 이르시되 보라 우리가 예루살렘으로 올라가노니 인자가 대제사장들과 서기관들에게 넘겨지매 그들이 죽이기로 결의하고 이방인들에게 넘겨주어 그를 조롱하며 채찍질하며 십자가에 못 박게 할 것이나 제삼 일에 살아나리라"(마 20:17~19)

하지만 예루살렘에 죽기 위해 올라가신다는 주님의 분명한 말씀이 베드로의 귀에 들어오지 않았다. 예수님이 십자가에서 죽으신 후에도 그 말씀은 그의 기억 속에 남아 있지 않았다. 왜일까? 세상 영광에 눈이 어두워져 있었기 때문이다.

예수 그리스도께서 예루살렘에 올라가시는 길에 요한과 야고보가 주님께 자기들을 주님의 우편과 좌편에 앉게 해 달라고 간청을 하자 나머지 열 제자가 듣고 그 두 형제에 대해 분히 여겼고, 그들 중에서 누가 크냐 하는 변론이 일어났다(마 20:20~21; 막 10:35~36; 눅 9:44~46). 이 장면을 통해 추측해 보건대 다른 제자들과 마찬가지로 세속적인 목적지에 눈이 고정되어 있던 베드로는 예루살렘으로 올라가시는 주님의 발걸음이 자기 인생 대박을 터트려 주시는 발걸음으로만 생각되었을 것이다.

단언하건대 주를 위해 죽음인들 마다하지 않겠다고 큰소

리치며, 오로지 주님을 위해 살겠다고 큰소리치는 사람 중에 이 땅에 속한 부와 그 영향력을 믿음의 꿈으로 디자인하는 인생들은 절대로 주님을 위해 죽을 수도 없고 주님만을 위해 살 수도 없다.

베드로의 귀에 예루살렘에 죽기 위해 올라가신다는 예수님의 말씀이 들려지지 않았던 것처럼 지금 교회 안에서 자신을 대단한 제자로 자칭하는 무리에게도 소유와 처자를 미워할 정도로 주님을 사랑하지 않고 모든 소유를 버리기까지 주님을 따르지 않는 자는 주님의 제자가 될 수 없다는 경고의 말씀(눅 14:26~27, 33)이 들려지지 않는다.

'왕의 자녀'는 '장자권의 권세'로서 인생을 역전시킬 수 있다고 굳게 믿으며 큰소리로 "이루어질지어다! 해결될지어다! 응답될지어다!"라고 소리치며 세상에서 칭찬과 영향력을 쟁취하려는 무리의 귀에는 그 어떤 경우에도 주를 따르는 제자의 길이 세상으로부터 미움을 받는 고난 가득한 길이라는 주님의 예언이 귀에 들어오지 않는다(요 15:18~20). 그들은 오로지 꿈이 있는 자는 망하지 않는다는 소리만 듣고 살아간다. 긍정으로 꿈꾸고 긍정으로 말하면 꿈이 이루어진다는 소리만 듣고 신앙한다.

물론 베드로가 예수님 앞에서 다른 사람은 모두 주를 버려도 자신만은 그 어떤 경우에도 끝까지 주를 좇겠다고 했던 말은 그 시간 그 순간만큼은 베드로의 입장에서 진실한 고백이었다. 그 순간만큼은 어떤 경우에도 자신만은 끝까지 주님과 함께할 것을 믿어 의심하지 않았을 것이다. 그러나 주님의 예언대로 그는 세 번이나 거듭 주님을 부인했다. 마지막 세 번째 주님을 부인하는 그 순간 그는 닭울음 소리를 들었다. 그리고 그는 "닭 울기 전에 네가 세 번 나를 부인하리라."하신 주님의 말씀이 생각나서 심히 통곡했다(마 26:75).

부활하신 주님께서 베드로를 찾아오셨다. 그리고 주님께서는 "네가 이 사람들보다 나를 더 사랑하느냐? …… 네가 나를 사랑하느냐? …… 네가 나를 사랑하느냐?"(요 21:15~17) 베드로에게 물으셨다. 아마도 예전 같으면 주님의 질문이 떨어지기가 무섭게 자신만은 모든 사람보다 주님을 더 사랑한다고 큰소리쳤을 것이다. 그러나 부활하신 주님의 질문 앞에서 베드로는 근심하며 감히 고개도 들지 못하고 대답했다. "주님, 모든 것을 아시오매 내가 주님을 사랑하는 줄을 주님께서 아시나이다."

이후 그는 남은 생을 살아가는 동안 이른 새벽, 닭 울음에 잠이 깰 때마다 대제사장의 뜰에서 계집종의 질문에 무려 세 번이나 주님을 저주하면서까지 모른다고 했던 자신의 비겁

함을, 자신의 나약함을, 자신의 수치를 뼈저리게 기억했을 것이다. 그리고 간절한 마음으로 기도했을 것이다. 진실로 주를 위해 살 수 있기를! 진실로 주를 위해 죽을 수 있기를! 아마도 이 간절한 기도가 베드로의 일평생 새벽기도의 간절한 기도 제목이 되었을 것이다.

소원은 기도이다. 곧 우리는 가장 절실히 소망하는 것을 위해 가장 절실하게 기도한다. 사도 바울은 최후의 간절한 소망이 주의 죽으심을 본받아 부활의 영광에 이르고자 함이었기에 그는 그토록 그것을 얻기 위해 그리고 그것을 이루기 위해 주님을 위해 죽을 수 있는 최후의 영광을 위해 자신의 간절한 소망이 이루어지기를 기도했다. 지금 교회 가운데서 인생 문제 해결과 인생 문제 응답을 위해서 간절히 기도하는 모든 신앙인은 기도의 용사가 아니라 이방인들이다(마 6:31~32). 그들은 주님의 제자가 절대로 아니다.

주를 위해 모든 것을 할 수 있고, 주를 위해 얼마든지 죽을 수 있다고 큰소리치는 신앙인들, 그러면서 돈 벌고 성공하면 선교사업 크게 하겠다고 호언장담하며 꿈을 이루고 영향력을 소유하면 그 칭찬과 명성을 가지고 많은 사람을 전도해서 교회에 출석시키겠다고 주저 없이 말하는 신앙인들, 그들은 "응답해 주시옵소서! 해결해 주시옵소서! 역사해 주시옵소서!

이루어 주시옵소서! 그래서 더 크게 주의 영광을 위해서 살 수 있게 해 주시옵소서!"라고 기도할 것이 아니라, "죽기까지 주의 말씀에 순종하는 사람 되게 해 주시옵소서!"라고 기도해 야 한다.

# 06. 고린도후서 9:6의 심음으로 거두는 수확이 이 세상에서의 부와 성공인가?

"이것이 곧 적게 심는 자는 적게 거두고 많이 심는 자는 많

이 거둔다 하는 말이로다"(고후 9:6)

오늘날 많은 목회자가 고린도후서 9:6의 "적게 심는 자는
적게 거두고 많이 심는 자는 많이 거둔다."라는 말씀을 인용
해서 헌금 많이 하고 기도 많이 하면, 많은 물질 축복을 받는
것으로 가르친다. 그들이 그와 같이 황당한 해석을 하고 하나
님의 말씀을 어리석게 생활 교훈으로 적용하는 설교를 하게
된 것은 성경을 문맥 안에서 이해한 것이 아니라, 교회에게
헛된 신바람을 불어 넣기 위해 오로지 그 성경 한 구절만을
자신들의 탐욕 가득한 눈으로 바라보았기 때문이다.

물론 고린도후서 9:6의 말씀은 많이 심는 자가 많이 거둔

다고 분명히 말씀하고 있다. 그러나 여기서 끝이 아니다. 사
도 바울은 계속해서 많이 심는 자가 많이 거두기는 거두는데
많이 심는 자가 거두게 되는 많은 것이 무엇인가에 대해서 고
린도후서 9:10에서 분명히 언급하고 있다. 그것은 의의 열매
이다.

> "심는 자에게 씨와 먹을 양식을 주시는 이가 너희 심을 것
> 을 주사 풍성하게 하시고 너희 의의 열매를 더하게 하시리
> 니"(고후 9:10)

계속해서 사도 바울은 고린도후서 9:11에서 많이 심는 자
가 많이 거두게 되는 '의의 열매'의 한 예로 '사랑의 연보'를 설
명하고 있다.

> "너희가 모든 일에 넉넉하여 너그럽게 연보를 함은 그들
> 이 우리로 말미암아 하나님께 감사하게 하는 것이라"(고후
> 9:11)

하나님께서는 먼저 교회를 모든 일에 넉넉하게 하신다. 넉
넉하게 하심은 물질적 환경이 아니라 사랑의 마음이다. 하나

님께서는 교회에게 이 사랑의 마음을 넉넉하게 하셔서 교회로 하여금 가난하지만 많은 사람을 부요하게 하고, 없는 것 같지만 모든 것을 가진 자가 되게 하신다(고후 6:9~10).

결국 고린도후서 9:6에서 "많이 심는 자가 많이 거두게 된다."는 말씀의 바른 해석은 헌금을 많이 하고 기도를 많이 하면 물질 축복을 많이 받는다는 것이 아니라 사랑의 마음을 많이 가진 자, 곧 많은 사랑을 심는 자가 많은 사랑의 열매, 즉 의의 열매를 수확한다는 것이다.

계속해서 고린도후서 9:8에서 사도 바울은 하나님께서 우리를 넉넉하게 하시는 이유가 착한 일을 넘치게 하기 위함이라고 했다.

"하나님이 능히 모든 은혜를 너희에게 넘치게 하시나니 이는 너희로 모든 일에 항상 모든 것이 넉넉하여 모든 착한 일을 넘치게 하게 하려 하심이라"(고후 9:8)

그렇다. 하나님께서는 예수 그리스도의 목숨 버리신 사랑으로 말미암아 교회에게 풍성한 사랑의 은혜를 더하셔서 교회로 하여금 넉넉하게 사랑하게 하신다. 이처럼 사도 바울이 그의 서신에서 강조했던 '넘침'은 물질 축복이나 이 세상에서의 영향력이 아니다.

오늘날 많은 설교자는 교회에게 물질과 성공의 꿈을 심어 주기에 여념이 없다. 그래서 하나님께서 우리에게 주시는 '넘침'의 축복을 물질 축복으로만 이야기한다. 이로 인해 어리석은 교인들은 '자기 부인'(自己否認)을 통한 하늘의 영광을 소망하는 것이 아니라 천하만국 곧 땅에 속한 영광에 집착하게 된다.

하나님께서 아브라함으로 바라보게 하신 땅은 물이 넘치는 소알의 들녘이 아니라 가나안 땅이다. 곧 하나님께서 교회에게 약속하신 소망의 영광은 이 땅에서 보이다가 곧 사라질 잠시 잠깐의 영광이 아니라, 지금은 보이지 않지만 예수 그리스도와 함께 장차 나타날 하나님 안에 감추어진 더 낫고 영구한 산업(소유, 개역한글)인 생명의 영광이다(고후 4:17~18; 골 3:4; 히 10:34~37).

성경은 오로지 장차 나타날 영구한 산업인 영생의 영광에 대해서만 이야기하고, 이 영광의 영생이 오로지 믿음의 사람들에게 주어질 약속의 유업임을 분명히 한다.

"만일 네 손이나 네 발이 너를 범죄하게 하거든 찍어 내버리라 장애인이나 다리 저는 자로 영생에 들어가는 것이 두

손과 두 발을 가지고 영원한 불에 던져지는 것보다 나으니라 만일 네 눈이 너를 범죄하게 하거든 빼어 내버리라 한 눈으로 영생에 들어가는 것이 두 눈을 가지고 지옥 불에 던져지는 것보다 나으니라"(마 18:8~9)

"어떤 사람이 주께 와서 이르되 선생님이여 내가 무슨 선한 일을 하여야 영생을 얻으리이까"(마 19:16)

"내 이름을 위하여 집이나 형제나 자매나 부모나 자식이나 전토를 버린 자마다 여러 배를 받고 또 영생을 상속하리라"(마 19:29)

"그들은 영벌에, 의인들은 영생에 들어가리라 하시니라"(마 25:46)

"하나님이 세상을 이처럼 사랑하사 독생자를 주셨으니 이는 그를 믿는 자마다 멸망하지 않고 영생을 얻게 하려 하심이라"(요 3:16)

"너희가 성경에서 영생을 얻는 줄 생각하고 성경을 연구하

거니와 이 성경이 곧 내게 대하여 증언하는 것이니라"(요 5:39)

"내 아버지의 뜻은 아들을 보고 믿는 자마다 영생을 얻는 이것이니 마지막 날에 내가 이를 다시 살리리라 하시니라"(요 6:40)

"자기의 생명을 사랑하는 자는 잃어버릴 것이요 이 세상에서 자기의 생명을 미워하는 자는 영생하도록 보전하리라"(요 12:25)

"바울과 바나바가 담대히 말하여 이르되 하나님의 말씀을 마땅히 먼저 너희에게 전할 것이로되 너희가 그것을 버리고 영생을 얻기에 합당하지 않은 자로 자처하기로 우리가 이방인에게로 향하노라"(행 13:46)

"참고 선을 행하여 영광과 존귀와 썩지 아니함을 구하는 자에게는 영생으로 하시고"(롬 2:7)

"이는 죄가 사망 안에서 왕 노릇 한 것같이 은혜도 또한 의

로 말미암아 왕 노릇 하여 우리 주 예수 그리스도로 말미암아 영생에 이르게 하려 함이라"(롬 5:21)

"그러나 이제는 너희가 죄로부터 해방되고 하나님께 종이 되어 거룩함에 이르는 열매를 맺었으니 그 마지막은 영생이라"(롬 6:22)

"자기의 육체를 위하여 심는 자는 육체로부터 썩어질 것을 거두고 성령을 위하여 심는 자는 성령으로부터 영생을 거두리라"(갈 6:8)

"우리로 그의 은혜를 힘입어 의롭다 하심을 얻어 영생의 소망을 따라 상속자가 되게 하려 하심이라"(딛 3:7)

"믿음의 선한 싸움을 싸우라 영생을 취하라 이를 위하여 네가 부르심을 받았고 많은 증인 앞에서 선한 증언을 했도다"(딤전 6:12)

"하나님의 사랑 안에서 자신을 지키며 영생에 이르도록 우리 주 예수 그리스도의 긍휼을 기다리라"(유 1:21)

거짓 선지자들이 그토록 강조하며 힘주어 축복하는 물질과 성공은 보이는 잠시 잠깐의 영광에 불과하지만 예수 그리스도와 함께 하나님 안에 감춰진 영생은 지금은 보이지 않지만 장차 나타날 한량없이 크고 영원한 영광이다.

"생각하건대 현재의 고난은 장차 우리에게 나타날 영광과 비교할 수 없도다"(롬 8:18)

"우리가 소망으로 구원을 얻었으매 보이는 소망이 소망이 아니니 보는 것을 누가 바라리요"(롬 8:24)

"우리가 잠시 받는 환난의 경한 것이 지극히 크고 영원한 영광의 중한 것을 우리에게 이루게 함이니 우리가 주목하는 것은 보이는 것이 아니요 보이지 않는 것이니 보이는 것은 잠깐이요 보이지 않는 것은 영원함이라"(고후 4:17~18)

지금은 예수 그리스도와 함께 하나님 안에 감추어져 있어 (골 3:4) 보이지 않지만 반드시 장차 나타날 중하고도 영원한 생명의 영광이, 지금 교회가 보이는 것으로 환영하며 이 땅의 교회가 믿음으로 바라보아야 할 소망의 궁극이다. 사도 바울은 바로 이 영생의 영광을 바라보며 믿음의 교회에게 땅의 것을 쳐다보지 말라고 경고했다.

> "위의 것을 생각하고 땅의 것을 생각하지 말라 이는 너희가 죽었고 너희 생명이 그리스도와 함께 하나님 안에 감추어졌음이라 우리 생명이신 그리스도께서 나타나실 그 때에 너희도 그와 함께 영광 중에 나타나리라"(골 3:2~4)

그 옛날 믿음의 조상 아브라함이 당장 자신의 눈에 보이지는 않지만 장차 이루어질 약속인 후손과 기업의 축복을 바라보며 일생을 나그네로 지냈듯이 믿음의 순례를 행하는 교회는 육체의 정욕을 제어하며 이 땅을 나그네로 살아가야 한다(벧전 2:11). 이 땅을 나그네로 살아가는 믿음의 사람은 땅에 속한 꿈과 부와 성공과 그 영향력을 쳐다보지 않는다(골 3:2).

사도 바울은 영원 전부터 약속된 이 영생의 소망을 바라보며 다시 오실 예수를 그토록 기다리며 이 땅에서 정욕과 탐심을 못 박는(갈 5:24) 순례의 삶을 살아갔던 것이다.

> "영생의 소망을 위함이라 이 영생은 거짓이 없으신 하나님

이 영원 전부터 약속하신 것인데"(딛 1:2)

"모든 사람에게 구원을 주시는 하나님의 은혜가 나타나 우
리를 양육하시되 경건하지 않은 것과 이 세상 정욕을 다
버리고 신중함과 의로움과 경건함으로 이 세상에 살고 복
스러운 소망과 우리의 크신 하나님 구주 예수 그리스도의
영광이 나타나심을 기다리게 하셨으니"(딛 2:11~13)

지금 교회는 하나님의 말씀을 변개해서 거짓된 축복을 설
파하는 거짓말하는 자들에 의해, 더 많이 심는 것도 물질이고
더 많이 거두는 것도 물질 축복이라고 배운다. 그래서 그들은
한 걸음 더 나아가 해괴망측한 논리로 고린도후서 9:6의 말씀
을 자기들의 욕심을 따라 다음과 같이 적용한다. "많이 심기
위해서는, 즉 더 많이 헌금하기 위해서는 하나님께 더 많은
물질 축복을 받아야 한다."라고. 그들은 "하나님께서 꿈을 이
루어 주시면 더 많이 심는 자가 되겠다."라고 기도한다. 그러
나 그들이 꾸는 소원의 꿈은 하늘의 신령한 소망이 아니라 결
국 땅의 것들, 곧 물질 축복이고, 실패 극복이고, 성공이고, 형
통이다.
　사도 바울이 고린도후서 9:6에서 말하고 있는 것은 더 많

은 의의 열매, 즉 사랑의 열매를 거두기 위해서는 지금 우리에게 더 많은 물질 축복이 필요한 것이 아니라 사랑의 마음이 필요하다. 그러므로 사도 바울의 교훈을 바로 이해하면 주님께서 우리에게 구하고 찾고 두드리면 주어진다고 약속하신 것이 왜 성령인가 하는 것을 알 수 있다(눅 11:9~11).

주님의 말씀대로 우리가 물질 문제 해결을 구하고 찾고 두드리는 것이 아니라 하나님의 선물인 성령을 구하고 찾고 두드리면 성령의 은사인 사랑을 넘치도록 받아 그 옛날 마게도냐 교회(고후 8:1~5)가 풍성한 사랑의 연보를 심음으로써 많은 형제의 삶을 부요하게 하고 그들로 하나님께 감사하게 하는 의의 열매를 거두었음과 같이 우리도 성령의 능력으로 풍성한 사랑의 마음을 받아 어려운 형제 교인과 어려운 형제 교회를 돕는 의의 열매를 거둘 수 있게 될 것이다.

오늘날 물질과 성공의 신을 숭배하는 물질 축복성회가 횡횡하고 있다. 오늘 우리는 더 많은 물질 축복을 받기 위해 성령의 능력을 구한다. 그러면서 스스로 속이기를 물질 축복을 많이 받아야 더 많은 물질로 하나님의 일도 더 많이 할 수 있고 불우 이웃 돕기 성금도 더 많이 할 수 있다고 생각한다. 그러나 하나님께서 의의 열매를 위해 교회에게 요구하시는 것은 더 많은 물질 액수가 아니라 깊고 깊은 사랑의 마음, 많고 많은 사랑의 마음이다. 그러므로 참된 소망의 기도는 풍성한 사랑의 열매를 거두기 위해 성령 안에서 사랑의 능력을 구하는 기도이다.

# 07. 디모데전서 6:17~19의 후히 주사 누리게 하시는 하나님의 축복의 본질

사도 바울은 디모데전서 6:17~19에서 "후히 주사 누리게 하시는" 하나님의 축복에 대해서 교훈했다.

"네가 이 세대에서 부한 자들을 명하여 마음을 높이지 말고 정함이 없는 재물에 소망을 두지 말고 오직 우리에게 모든 것을 후히 주사 누리게 하시는 하나님께 두며 선을 행하고 선한 사업을 많이 하고 나누어 주기를 좋아하며 너그러운 자가 되게 하라 이것이 장래에 자기를 위하여 좋은 터를 쌓아 참된 생명을 취하는 것이니라"

오늘 우리는 후히 주셔서 누리게 하시는 하나님의 축복을 물질적인 것으로만 이해한다. 그래서 우리가 가난의 저주를 물리치고 물질 축복을 받아서 이 땅에서 십일조와 선교 헌금을 남들보다 많이 할 수 있는 부자 만들어 주실 것으로 기대하기까지 한다. 그러나 사실 이 말씀도 전후 문맥을 유심히 살펴보면 하나님께서 사랑의 은사를 우리에게 후히 주셔서 우리로 사랑의 열매 맺는 삶을 넉넉하게 살게 하신다는 말씀이다.

사도 바울은 디모데전서 6:17에서 모든 것을 후히 주사 누리게 하시는 하나님께 소망을 두라고 하면서, 먼저 재물에 소망을 두지 말라고 한다. 그러면서 18절에서는 선한 사업에 부요한 자가 되라고 했다. 이어지는 19절에서 그는 메이커 아파트 평수 터가 아니라 이 땅의 아파트 평수 터와는 비교도 할수 없는 '생명의 터'를 취하라고 권고한다. 결국 후히 주사 누리게 하시는 하나님의 축복은 재물과 같은 물질적인 것이 아니라 '선한 사업'의 넉넉한 결실이며 이로 인한 '생명의 풍요함'이다.

생명의 풍요와 관련해서 사도 베드로는 구원을 넉넉히 받는 것으로 말한다.

"그러므로 너희가 더욱 힘써 너희 믿음에 덕을, 덕에 지식을, 지식에 절제를, 절제에 인내를, 인내에 경건을, 경건에

형제 우애를, 형제 우애에 사랑을 더하라 이런 것이 너희
에게 있어 흡족한즉 너희로 우리 주 예수 그리스도를 알기
에 게으르지 않고 열매 없는 자가 되지 않게 하려니와 이
런 것이 없는 자는 맹인이라 멀리 보지 못하고 그의 옛 죄
가 깨끗하게 된 것을 잊었느니라 그러므로 형제들아 더욱
힘써 너희 부르심과 택하심을 굳게 하라 너희가 이것을 행
한즉 언제든지 실족하지 아니하리라 이같이 하면 우리 주
곧 구주 예수 그리스도의 영원한 나라에 들어감을 넉넉히
너희에게 주시리라"(벧후 1:5~11)

사도 베드로 역시 교회에게 교훈하는 핵심은 열매 맺는 삶
을 결실할수록 부르심과 택하심이 굳어져서 하나님의 나라
에 넉넉하게 들어갈 수 있다는 것이다.

마게도냐 교회는 넉넉하게 물질 축복을 받았기 때문이 아
니라 넘치는 사랑의 능력을 하나님으로부터 받았기에 모진
환란과 극한 가난 속에서도 힘에 지나도록 풍성한 연보를 가
난한 형제 교회를 위해서 드릴 수 있었다. 결국 마게도냐 교
회는 물질 축복을 넉넉하게 받았기 때문이 아니라 비록 자신
들은 극한 가난 가운데 있었지만 성령의 능력으로 자기를 내
어 주는 사랑을 실천할 수 있었고, 이를 통해 따따블 물질 축

복이 아니라 풍성한 의의 열매를 결실했다.

"형제들아 하나님께서 마게도냐 교회들에게 주신 은혜를
우리가 너희에게 알리노니 환난의 많은 시련 가운데서 그
들의 넘치는 기쁨과 극심한 가난이 그들의 풍성한 연보를
넘치도록 하게 했느니라 내가 증언하노니 그들이 힘대로
할 뿐 아니라 힘에 지나도록 자원하여 이 은혜와 성도 섬
기는 일에 참여함에 대하여 우리에게 간절히 구하니 우리
가 바라던 것뿐 아니라 그들이 먼저 자신을 주께 드리고
또 하나님의 뜻을 따라 우리에게 주었도다"(고후 8:1~5)

사도 바울이 교훈하는 바에 의하면 마게도냐 교회에게는
이 땅의 평수 넓은 아파트는 주어지지 않았지만 주님께서 말
씀하신 약속대로 넉넉한 생명의 터, 곧 영생이 주어질 것이
다.

오늘날 교회는 더 많은 물질 축복을 받기 위해 약간의 물
질로 배팅 헌금은 잘한다. 그러면서 악착같이 더 넓은 아파트
평수 분양 잔금을 맞추기 위해 필생의 땀을 쏟아부으면서 "주
여! 주여!"를 부르짖는다. 하지만, 정작 장차 나타날 영원하
도 중한 생명의 터를 위해 풍성한 사랑의 물질을 헌신하는 데

는 인색하다. 예수 믿기만 믿으면 무조건 천국을 가고 영생을 받은 것으로 맹신하기 때문이다. 그러나 사도 바울은 믿음의 선한 싸움으로 영생을 취하라고 했다(딤전 6:12). 그렇다. 영생은 믿음의 선한 싸움을 필요로 한다(딤전 6:11). 믿음의 선한 싸움은 세속적 소원의 꿈을 긍정의 염불로 확신하는 것이 아니라, 힘써 의의 열매를 결실하는 것이다.

## 08. 고린도후서 8:9의 예수 그리스도의 가난하게 되심이 우리로 잘되고 부자 되고 성공하게 하려 하심인가?

"우리 주 예수 그리스도의 은혜를 너희가 알거니와 부요하신 이로서 너희를 위하여 가난하게 되심은 그의 가난함으로 말미암아 너희를 부요하게 하려 하심이라"(고후 8:9)

위 말씀은 오늘날 부와 그 영향력을 갈망하는 수없이 많은 교인에 의해 희망의 언어로 회자되고 있는 성경 구절이다. 그래서 어떤 목회자는 이 말씀을 인용해서 예수 그리스도께서 우리를 위해 가난하게 되심으로 이제 우리는 가난의 저주에서 해방되고 부자 되는 것이 하나님의 뜻이라고 나발을 불고 다닌다. 그러나 그 해석은 성경 해석의 기본조차도 망각한 무지에서 나온 오석(誤釋) 중의 오석이다.

먼저 사도 바울은 고린도후서 8:1~5의 말씀에서 핍절한 가운데서도 형제 예루살렘 교회를 위해 풍성한 사랑의 연보를 했던 마게도냐 교회 공동체의 아름다운 선행을 고린도 교회에게 소개한다. 그리고 마게도냐 교회가 핍절한 형제 예루살렘 교회를 돕기 위해 환난 가운데 있는 자기들의 처지를 돌아보지 않고, 극한 가난 가운데 있는 자신들의 삶을 돌아보지 않고 아낌없이 형제 예루살렘 교회에게 풍성한 사랑의 연보를 했으니, 이 편지를 받은 고린도 교회도 형제 예루살렘 교회를 위해 이와 같은 적극적인 사랑의 선행을 실천하라고 권고하고 있다. 이처럼 그는 핍절한 형제 예루살렘 교회를 위한 마게도냐 교회 공동체의 풍성한 사랑의 헌신(고후 8:1~5)을 이야기한 후, 그리스도께서 부요하신 자로서 가난하게 되심은 우리로 부요하게 하려 하심이라고 말하고 있다(고후 8:9).

고린도후서 8:1~5을 먼저 이해한 후, 1~5절에서 9절로 이어지는 문맥을 따라 9절의 의미를 바로 이해해 보면, 예수 그리스도께서 가난하게 되심과 마게도냐 교회 교인들의 가난하게 됨이 대비되고, 예수 그리스도의 가난하게 되심으로 우리가 부요하게 됨과 힘든 상황에서도 자신들의 물질을 예루살렘 교회에 연보함으로 가난하게 된 마게도냐 교회의 도움으로 부요하게 된 예루살렘 교회가 대비되고 있음을 알 수 있다.

예수 그리스도께서는 죄로 말미암아 하나님과의 관계가 단절된 비참한 처지의 죄인인 우리를 구원하시려고 하늘 보좌를 버리시고 이 땅에 오셔서 십자가에서 죽으셨다. 바로 이 것이 예수 그리스도께서 우리를 위해 가난하게 되심이다. 이 처럼 예수 그리스도의 가난하게 되심, 곧 구속 사역으로 우리는 의인 되었다. 예수 그리스도께서는 하늘 영광의 보좌를 버리시고 이 땅에 성육신하셔서 십자가에 죽으신 당신의 비하(卑下), 즉 낮아지심(가난하게 되심)으로 죄인인 우리를 의롭게 만드셔서 우리의 신분을 하나님 자녀의 신분으로 승격시켜 주시고, 하나님의 나라를 상속한 믿음의 부요한 자로 만드셨다. 바로 이 사실을 고린도후서 8:9에서 "예수께서 부요하신 이로서 우리를 위하여 가난하게 되심은 그의 가난함으로 말미암아 우리를 부요하게 하려 하심이라"라고 바울은 말하고 있는 것이다.

이에 대해 야고보 선생도 다음과 같이 말하고 있다.

"내 사랑하는 형제들아 들을지어다 하나님이 세상에서 가난한 자를 택하사 믿음에 부요하게 하시고 또 자기를 사랑하는 자들에게 약속하신 나라를 상속으로 받게 하지 아니

하셨느냐"(약 2:5)

우리의 구원받음이 부요하게 됨이다. 그러므로 사도 바울
은 우리가 죄에서 구원받은 것을 가리켜 하늘에 속한 모든 복
을 받은 것이라고 했다.

> "찬송하리로다 하나님 곧 우리 주 예수 그리스도의 아버지
> 께서 그리스도 안에서 하늘에 속한 모든 신령한 복을 우리
> 에게 주시되 곧 창세 전에 그리스도 안에서 우리를 택하사
> 우리로 사랑 안에서 그 앞에 거룩하고 흠이 없게 하시려고
> 그 기쁘신 뜻대로 우리를 예정하사 예수 그리스도로 말미
> 암아 자기의 아들들이 되게 하셨으니 이는 그가 사랑하시
> 는 자 안에서 우리에게 거저 주시는바 그의 은혜의 영광을
> 찬송하게 하려는 것이라 우리는 그리스도 안에서 그의 은
> 혜의 풍성함을 따라 그의 피로 말미암아 속량 곧 죄 사함
> 을 받았느니라"(엡 1:3~7)

예수 그리스도의 가난하게 되심, 즉 예수 그리스도도의 성
육신으로 우리가 소유하게 된 부요는 물질적인 부요가 아니
라 믿음의 부요이다. 이 믿음의 부요는 우리가 하나님의 자녀

들로서 하나님의 나라를 소유했음을 의미한다. 그렇다. 우리가 받은 부요의 축복은 이 땅에 속한 물질과 성공의 복이 아니라 믿음으로 말미암는 하늘에 속한 신령한 복, 곧 구원의 복이다. 이 구원의 복을 우리는 믿음으로 받았다. 구원의 복을 받은 우리는 대통령의 자녀, 재벌가의 자녀, 명문가의 자녀 정도가 아니라 하나님의 자녀가 되었다. 그 결과 그 지경이 끝이 없는 광대한 하나님의 나라를 유업으로 받았다.

고린도후서 8:1~5과 8:9의 말씀을 문맥적으로 해석해서 다시 한번 요약하면, 극한 어려움 속에서도 형제 예루살렘 교회를 위해 풍성한 사랑의 연보를 드린 마게도냐 교회의 형제 사랑(=하늘 보좌를 버리고 죄인을 구속하기 위해 십자가에서 죽으신 예수 그리스도의 죄인 사랑)과 마게도냐 교회가 가난 속에서도 형제 구제를 위해 풍성한 연보를 드림으로 더욱 가난하게 되었지만 오히려 예루살렘 교회는 마게도냐 교회의 구제 헌금으로 부요하게 됨(=예수 그리스도 십자가 대속의 죽음으로 오히려 죄인인 우리는 믿음의 의를 소유하게 되고 하늘에 속한 모든 복을 받아 부요하게 됨)이 대비되고 있다.

결국 사도 바울은, 예수 그리스도께서 우리를 부요하게 하시려고 가난하게 되신 사실과 마게도냐 교회가 형제 예루살렘 교회를 구제하기 위해 더욱 가난하게 된 사실을 상기시키면서, 예수 그리스도께서 가난하게 되심으로 고린도 교회가 가난의 저주에서 해방이 되어 잘되고 부자 될 수 있다고 말하는 것이 아니다. 고린도 교회도 마게도냐 교회처럼 예수 그리스도의 목숨 버리신 사랑을 교훈 삼아 핍절한 예루살렘 형제 교회를 적극적으로 도와야 할 것을 말하고 있는 것이다.

성경은 초대 교회의 눈부신 사랑의 삶을 다음과 같이 증언한다.

> "믿는 무리가 한마음과 한뜻이 되어 모든 물건을 서로 통용하고 자기 재물을 조금이라도 자기 것이라 하는 이가 하나도 없더라 사도들이 큰 권능으로 주 예수의 부활을 증언하니 무리가 큰 은혜를 받아 그중에 가난한 사람이 없으니 이는 밭과 집 있는 자는 팔아 그 판 것의 값을 가져다가 사도들의 발 앞에 두매 그들이 각 사람의 필요를 따라 나누어 줌이라"(행 4:32~35)

바로 이런 삶이 사도 요한도 말하고 있는 사랑의 계명을 실천함이다.

> "그가 우리를 위하여 목숨을 버리셨으니 우리가 이로써 사

랑을 알고 우리도 형제들을 위하여 목숨을 버리는 것이 마
땅하니라 누가 이 세상의 재물을 가지고 형제의 궁핍함을
보고도 도와줄 마음을 닫으면 하나님의 사랑이 어찌 그 속
에 거하겠느냐 자녀들아 우리가 말과 혀로만 사랑하지 말
고 행함과 진실함으로 하자"(요일 3:16~18)

위 본문에서 사도 요한이 우리에게 교훈하는 바는 바울의
경우처럼 예수 그리스도의 죄인 사랑을 본받아 우리도 그 은
혜에 보답하기 위해 형제를 사랑해야 한다는 것이다. 즉, 예
수 그리스도께서 죄인인 우리를 위해 목숨을 버리신 사랑은,
부요하신 자로서 스스로 가난하게 되심으로 죄인인 우리를
하나님 나라의 부요에 참여하게 만든 사랑이다. 그러므로 우
리도 이 사랑의 원리를 본받아 자기 재물을 자기 것이라 하지
말고 가난한 형제를 위해 나눔으로 그만큼 물질적으로는 가
난해지지만 대신 가난한 형제를 부요하게 만드는 사랑의 계
명을 실천하라는 교훈이다. 그러므로 고린도후서 8:9의 말씀
은 예수 그리스도께서 가난하게 되심으로 우리에게서 가난
의 저주를 끊으셨기 때문에 우리가 이 땅에서 부자 되는 축복
권을 가지고 있다는 의미가 아니다. 그 어떤 경우에도 그렇게
가르쳐서도 안 되고 배워서도 안 된다.

우리는 가난 가운데 있다 할지라도 예수 그리스도의 사랑을 실천해야 한다. 그것은 예수 그리스도의 목숨 버리신 사랑으로 죄인인 우리를 부요하게 하셨기 때문이다. 곧 구원하셨기 때문이다. 핍절한 형제 교회를 돕기 위해서는 더 많은 물질과 더 큰 영향력이 필요한 것이 아니라 내 것을 내 것이라 하지 않는 사랑, 예수 그리스도의 죄인을 위해 목숨 버리신 사랑이 필요하다. 예수 그리스도의 십자가 복음은 우리로 더 많은 물질과 더 큰 영향력을 소유해서 사랑을 실천하게 하는 것이 아니라 내 것을 내 것이라 하지 않는 예수 그리스도의 사랑으로 형제 사랑을 실천하게 하는 하나님의 능력이다.

과부의 두 렙돈이 이 세상에서 가장 위대한 헌물이 될 수 있었던 것은 액수가 많았기 때문이 아니다. 자기의 모든 것을 드리는 온전함 때문이었다. 마찬가지로 하나님께서 우리에게 명령하시는 사랑은 많은 물질과 더 큰 영향력에서 나오는 외형적 액수가 아니라, 내 것을 내 것이라 하지 않는 온전한 사랑이다.

바울이 전한 복음의 본질은 오늘날 우리로 부자 되고 잘되어야 한다고 가르치는 삼겹살 축복 오겹살 복음이 아니다. 바울은 자신의 서신에서 재물에 대한 철저한 단절을 명령했다.

"우리가 세상에 아무것도 가지고 온 것이 없으매 또한 아무것도 가지고 가지 못하리니 우리가 먹을 것과 입을 것이 있은즉 족한 줄로 알 것이니라 부하려 하는 자들은 시험과 올무와 여러 가지 어리석고 해로운 욕심에 떨어지나니 곧 사람으로 파멸과 멸망에 빠지게 하는 것이라 돈을 사랑함이 일만 악의 뿌리가 되나니 …… 네가 이 세대에서 부한 자들을 명하여 마음을 높이지 말고 정함이 없는 재물에 소망을 두지 말고"(딤전 6:7~17전)

결론적으로, 고린도후서 8:9을 물질적 문제에 초점을 맞추어 신자는 당연히 부자 될 수 있고 또한 부자 되어야 한다는 경제비법으로 교훈하는 것은 황당하고 어리석은 설교이다. 이와 같은 설교는 단언하건대 복음의 생수가 아니라 오염된 복음, 곧 교회로 하여금 먹고 마시고도 죽게 만드는 쑥물이다.

# 09. 하나님께서 요구하시는 금식이 육신의 굶식인가?

"내가 기뻐하는 금식은 흉악의 결박을 풀어 주며 멍에의 줄을 끌러 주며 압제당하는 자를 자유하게 하며 모든 멍에를 꺾는 것이 아니겠느냐 또 주린 자에게 네 양식을 나누어 주며 유리하는 빈민을 집에 들이며 헐벗은 자를 보면 입히며 또 네 골육을 피하여 스스로 숨지 아니하는 것이 아니겠느냐"(사 58:6~7)

문제 많은 인생을 살아가는 교인들에게 가장 큰 위로를 주는 성경 말씀을 꼽으라면 바로 본문 이사야 58:6~7 말씀이 될 것이다. 이 본문을 언뜻 잘못 이해하면 우리가 사생결단으로 드리는 금식기도를 통해 문제 많은 이 세상의 흉악한 결박이 풀어지고 우리 삶을 얽어매는 멍에의 줄은 풀어진다. 그야말로 기도의 권세로 인생 문제의 결박을 파쇄하고 불행한 운명의 사슬이 끊어진다. 그래서 많은 목회자가 이 성경 구절을 인용해서 작정하고 기도하면 꼬이고 막힌 인생 문제의 결박이 풀어지고 가난과 실패의 멍에가 벗겨진다고 교인들에게 힘주어 설교한다. 그러나 과연 본문의 말씀이 그와 같은 목적의 응답을 확신시켜 주는 말씀인가?

결론부터 말하면, 본문 말씀은 인생 문제 해결에 대한 기도 응답을 약속하는 말씀이 아니라, 철저한 사랑의 삶을 명령하는 말씀이다. 이 구절을 문맥적으로 바르게 해석하면 자기 소원 성취를 위해서 음식을 금하고 배를 곯는 금식을 하라는 의미가 아니다. 율법은 안식년의 규례를 철저하게 준수할 것을 명령한다(신 15:12~15). 그러나 이스라엘은 사욕을 비우지 못해 열심히 예배는 참석하고 기도는 끈질기게 하고 찬송은 뜨겁게 부르면서도 안식년의 규례를 지켜 행하지 않았다. 그러므로 본문의 말씀은 이스라엘의 강남 8학군에 사는 신앙인들에게, 안식년임에도 자신들의 욕심을 채우고자 묶어 둔 자기 집의 히브리 남 종과 여종의 멍에와 결박을 하나님께서 명령하신 안식년의 규례를 따라 벗겨 주고 풀어 주어 자유롭게 해 주는 사랑의 삶이 온전한 금식이라고 교훈하고 있다.

예를 들어 그 당시 많은 토지를 소유한 부유한 지주가 동족 히브리 종들을 많이 거느리게 되었는데 답답하게도 비가 오지 않고 가뭄이 계속되어 거느리고 있는 남종과 여종조차도 일손을 놓고 양식만 축내고 있었다. 그래서 그 주인은 하나님께 금식하면서 자기 밭의 소산에 비가 내리기를 간절히 절규했다. 이 부자는 하나님께서 명령하신 율법의 규례를 따라 자기 집에 종살이 하는 히브리 남종과 여종의 멍에를 꺾고 결박을 풀어 주는 사랑의 삶을 살지는 않으면서, 자기 소유의 밭에 비가 내리지 않는 오로지 하나의 절박한 이유 때문에 하나님께 비를 달라고 금식기도를 했다. 결국 그는 욕심으로 자기 배를 채우기 위해 신앙하는 사람이었다.

이 부자는 자기 인생 문제 해결을 위해 배를 곯는 금식을 할 수는 있었다. 그러나 육 년 동안 자신을 섬겨온 동족 히브리 종을 계속해서 부리고 그들의 노동력을 착취하며 자신의 부를 쌓기에 여념이 없다 보니 하나님의 명령인 안식년의 규례를 따라 그들에게 자유를 허락해 줄 수는 결단코 없었다. 하지만 하나님께서 이 부자에게 원하시는 금식은 자신의 밭에 비가 내리기를 열망하며 배를 곯는 굶식이 아니라 자신의 집에 있는 히브리 종들에게 자유를 허락해서 그들의 멍에를 벗겨 주고 결박을 풀어 주는 사랑의 선행을 통해 욕심의 배를 비우는 금식이다.

오늘날도 많은 신앙인이 처음 사랑의 행위(행 2:44~47; 4:32~ 35)가 증언하는 본질적 사랑의 삶은 살지 않으면서 사업 문제, 물질 문제, 자녀 문제, 결혼 문제를 가지고 생떼 쓰는 금식기도를 얼마나 많이 드리고 있는가? 문제 해결과 축복 응답을 외치고 있는 도시와 산골의 기도원 방마다 이사야 58:6의 성경 구절이 어리석은 신앙인들의 눈을 현혹하며 헛된 꿈과 환상과 확신을 심어 주며 방문 머리맡에 붙어 있다.

오늘날도 하나님께서는 우리에게 자기 인생 문제 응답과 해결을 위한 배를 곯는 굶식보다는 하나님의 말씀대로 사랑하는 삶을 살아갈 것을 명령하고 계신다. 바로 이 삶이 하나님 앞에서 육신의 정욕과 탐심을 비우는 가장 온전한 금식이 된다. 그러므로 본문의 바른 설교는 '인생 문제 해결과 응답을 위해 육신의 배를 곯는 굶식이 아니라 안식년의 규례를 지키는 삶 곧 선행을 베푸는 것이 온전한 금식이다.'라고 하는 것이다.

한번 생각해 볼 것은, 이사야 58:6의 말씀을 자기 멋대로 해석해서 "금식하면 인생의 멍에와 결박이 벗겨지고 풀어진다."라고 설교하는 목회자에게 교인들이 많이 모일 것인가? 아니면 인생 문제 해결을 위해서 생떼 쓰는 금식기도를 하지 말고 '오늘 당장 이 시간' 하나님의 사랑의 계명대로 내 것을 내 것이라 하지 않고 내게 있는 모든 것을 팔아서라도 가난한 형제 교인과 가난한 형제 교회를 적극적으로 돕는 것이 온전한 금식이라고 설교하는 목회자에게 사람이 많이 모일 것인가 하는 것이다. 당연히 금식하면 문제 해결 받는다는 의미로 해석한 목회자의 교회에 사욕을 좇는 교인들이 구름떼처럼 모여들 것은 자명한 사실이다.

사도행전 2:44~47; 4:32~35에서 기록된 놀라운 사랑은 많은 돈을 가졌던 사람들이 자기의 남아 있는 돈으로 베푸는 세상적인 사랑의 삶에 대해서 증언하고 있는 것이 아니다. 비록 넉넉하지는 못했지만 자기의 가진 모든 것으로 형제를 구제했던 이 세상 그 누구도 흉내 낼 수 없는 사랑에 대해 증언하고 있다. 바로 이 사랑의 역사가 멍에와 결박을 벗겨 주고 풀어 주는 안식년과 희년의 온전한 실현이다.

그런데 오늘날 교인들은 자기의 사욕에 이끌리어 이사야 58:6의 말씀을 생떼 쓰고 금식하면 인생 문제의 멍에가 벗겨지고 인생 문제의 결박이 풀어지는 것으로 이해한다. 물론 이처럼 교인들이 하나님의 말씀을 자기 사욕을 따라 이해하게 된 것은 몰각한 목회자들이 사랑의 삶보다는 자기 인생 문제 해결 받기를 갈망하는 어리석은 교인들의 종교심에 아부하기 위해 하나님의 말씀을 자기들 임의대로 욕심의 눈으로 바라보고 해석하고 설교했기 때문이다.

이사야 58:6의 말씀이 몰각한 목회자들에게는 '사랑을 실천하라.'는 생명의 말씀으로 보이는 것이 아니라 문제 해결을 받기 위한 탐스러운 이익의 열매로 보인다. 그래서 그들은 이와 같은 잘못된 성경 해석으로 사욕을 좇는 어리석은 백성을 가르치고 있다. 그리고 백성들에게 무적의 축복권을 가진 하나님의 종으로 추앙받고 있다.

본문에서 '풀어지는 흉악의 결박'과 '끌러지는 멍에의 줄'은 금식 기도자의 인생 문제가 아니라 이사야 선지자 당시 금식 기도자가 압제하고 있는 종들을 묶고 있는 결박과 멍에이다. 결국 본문 말씀은 하나님께서 그 당시 종을 부리고 있는 이스라엘의 지주들에게 자신들의 경제적 이득을 포기하고 종들을 자유로운 신분으로 풀어줘서 하나님의 율법이 지향하는 궁극의 사랑을 실천하라고 명령하시는 말씀이다.

신약에서 예수 그리스도께서는, 당신께서 목숨을 주는 사랑으로 우리를 죄와 사망에서 구원하셨기 때문에 이 구원의 은혜에 진실로 감사한다면 사랑의 계명을 실천하라고 명령하셨다(요 15:12~14; 요일 3:16~19). 마찬가지로 구약에서 하나님께서는, 이스라엘 백성이 그들의 조상을 애굽에서 구원하신 당신의 은혜를 잊어버리지 않고 감사한다면 반드시 어마어마한 사랑의 법인 안식년의 규례를 지키라고 명령하셨다.

"네 동족 히브리 남자나 히브리 여자가 네게 팔렸다 하자
만일 여섯 해 동안 너를 섬겼거든 일곱째 해에 너는 그를
놓아 자유롭게 할 것이요 그를 놓아 자유하게 할 때에는
빈손으로 가게 하지 말고 네 양 무리 중에서와 타작마당에
서와 포도주 틀에서 그에게 후히 줄지니 곧 네 하나님 여
호와께서 네게 복을 주신 대로 그에게 줄지니라 너는 애굽
땅에서 종 되었던 것과 네 하나님 여호와께서 너를 속량하
셨음을 기억하라 그것으로 말미암아 내가 오늘 이같이 네
게 명령하노라"(신 15:12~15)

철저한 사랑의 법인 안식년의 규례를 지키기 위해 이스라
엘 백성은 동족 히브리인 종들을 안식년이 되면 반드시 자유
인이 되게 해야 했다. 그리고 그들을 자유롭게 할 때, 반드시
넉넉한 재산을 주어 사랑을 베풀어야 했다. 이처럼 동족 히브
리인 종들을 7년째가 되는 안식년에 자유롭게 하는 것이 그
들의 결박을 풀어 주고 그들의 멍에를 끊는 것이다.

안식년의 규례는 예수님께서 명령하신 사랑의 계명의 그
림자로서 율법의 정신인 정의(의, 義)와 긍휼(인, 仁)과 믿음(신,

信)의 이념을 구현하는 법이다. 그래서 이스라엘 백성은 자기 집에 있는 동족 히브리인 남종과 여종들의 종살이 칠 년째 되는 해에는 반드시 그들을 해방해서 자유의 삶을 살게 해 줌과 동시에 마땅히 그들에게 경제적 기반까지 제공해 주는 철저한 사랑을 실천해야 했다.

고대 사회에서 노비의 금전적 가치는 오늘날의 엄청난 물질적 가치와 맞먹는 경제적 자산이었다. 그러다 보니 구약 이스라엘 백성은 어느 정도의 십일조헌금과 감사헌금과 성전 보수헌금은 드릴 수 있었겠지만, 넉넉한 살림 밑천을 노비의 손에 쥐여주면서 그들로 자유의 신분이 되게 해 줄 수는 없었다. 엄청난 경제적 손실을 감수해야 했기 때문이다. 그래서 그들은 안식년을 온전히 지킬 수 없었고, 그 결과 그들이 평소에 아무리 성전을 출입하며 예배와 기도를 힘쓰고 모든 율법의 조항을 지켰다 할지라도 율법의 모든 것인 사랑의 법(롬 13:8~10), 곧 안식년을 지키지 않았기 때문에 모든 율법을 범한 자가 되었다(약 2:10~11).

율법의 모든 것을 지켰다고 자부했던 서기관들과 바리새인들조차도 철저한 십일조 생활은 얼마든지 할 수 있었지만, 그들의 노비에게 넉넉한 살림 밑천을 제공까지 해 주면서 자유의 신분이 되게 할 수는 없었다. 바로 이것이 그들이 그토록 철저하게 박하와 회향과 근채의 십일조까지 드리면서도 지킬 수 없었던 율법의 더 중한바 정의(의)와 긍휼(인)과 믿음 (신)이었다.

"화 있을진저 외식하는 서기관들과 바리새인들이여 너희
가 박하와 회향과 근채의 십일조는 드리되 율법의 더 중한
바 정의와 긍휼과 믿음은 버렸도다 그러나 이것도 행하고
저것도 버리지 말아야 할지니라"(마 23:23)

살인하지도 않았고 간음하지도 않았고 도둑질하지도 않았고 거짓 증언하지도 않았고 부모 공경도 했고 이웃을 자신같이 사랑하며 어려서부터 모든 율법을 다 지켰다고 자부하며 영생을 얻기 위해 아직도 무엇이 부족한지 반문하는 부자 청년에게 주님께서는 네 소유를 팔아 가난한 자들에게 주고 와서 당신을 따르라고 하셨다(마 19:16~22). 그 부자 청년은 분명히 이웃을 자신과 같이 사랑했다고 힘주어 말했다. 그러나 주님께서 판단하시기에 아직도 그에게는 가난한 자들에게 나눠 줘야 할 많은 재물이 있었던 것이다. 만약 그 당시 기준에서 믿음의 명문가였던 그 청년의 조상들과 그 자신이 대대로 안식년의 규례를 철저하게 지켜 행했다면, 주님의 명령대로

팔아서 가난한 자에게 나눠 줘야 할 '부'가 그에게 남아 있을 리가 없었을 것이다.

하나님께서는 안식년법 규례에 더하여 희년법까지 명령하고 있다. 희년법의 규례를 통해 모든 부의 세습을 원천적으로 차단하고 있다. 희년, 곧 안식년이 일곱 번 지난 그다음 해 곧 50년째에는 동족 히브리인 종만이 아니라 모든 이방인 종들까지 자유의 신분으로 자유롭게 해 주어야 한다. 그리고 조상으로부터 물려받은 정해진 구역의 토지 외에 평생 축적한 모든 토지를 원래 주인에게 돌려주어야 한다.

> "너는 육 년 동안 그 밭에 파종하며 육 년 동안 그 포도원을 가꾸어 그 소출을 거둘 것이나 일곱째 해에는 그 땅이 쉬어 안식하게 할지니 여호와께 대한 안식이라 너는 그 밭에 파종하거나 포도원을 가꾸지 말며 네가 거둔 후에 자라난 것을 거두지 말고 가꾸지 아니한 포도나무가 맺은 열매를 거두지 말라 이는 땅의 안식년임이니라 안식년의 소출은 너희가 먹을 것이니 너와 네 남종과 네 여종과 네 품꾼과 너와 함께 거류하는 자들과 네 가축과 네 땅에 있는 들짐승들이 다 그 소출로 먹을 것을 삼을지니라"(레 25:3~7)

"너는 일곱 안식년을 계수할지니 이는 칠 년이 일곱 번인 즉 안식년 일곱 번 동안 곧 사십구 년이라 일곱째 달 열흘날은 속죄일이니 너는 뿔나팔 소리를 내되 전국에서 뿔나팔을 크게 불지며 너희는 오십 년째 해를 거룩하게 하여 그 땅에 있는 모든 주민을 위하여 자유를 공포하라 이 해는 너희에게 희년이니 너희는 각각 자기의 소유지로 돌아가며 각각 자기의 가족에게로 돌아갈지며 그 오십 년째 해는 너희의 희년이니 너희는 파종하지 말며 스스로 난 것을 거두지 말며 가꾸지 아니한 포도를 거두지 말라 이는 희년이니 너희에게 거룩함이니라 너희는 밭의 소출을 먹으리라 이 희년에는 너희가 각기 자기의 소유지로 돌아갈지라"(레 25:8~13)

안식년법과 희년법의 규례는 율법의 본질인 사랑을 구현하는 핵심적 명령이었다. 그러나 이스라엘 백성은 자신들의 물질 욕심을 십자가에 못 박지 못해 안식년이 되어도 동족 히브리 남종과 여종의 멍에를 벗겨 주지 않았고, 결박을 풀어 주지 않았다.

율법의 모든 것을 어려서부터 지켰고 이웃을 자신처럼 사랑했다고 자부하는 부자 청년이 속한 믿음의 명문가에는 그 시간까지 그 누구도 희년법을 지킨 사람은 한 사람도 없었을 것이다. 만약 모든 조상이 희년법을 지켰다면 아마도 그 부자 청년에게는 팔아서 가난한 자에게 주어야 할 부동산이 남아 있지 않았을 것이다.

지금 우리는 구약 이스라엘 백성이 애굽에서 구원받은 것과는 비교할 수 없는 예수 그리스도의 목숨 버리신 사랑으로 말미암아 죄와 사망에서 구원을 받았다. 그러므로 하나님께서 애굽에서 구원받은 이스라엘 백성에게 그 구원의 대가로 안식년법과 희년법을 지킬 것을 명령하셨듯이 더 크고도 완전한 구원을 허락하신 주님께서는 구원받은 교회를 향해 제자도를 명령하시는 것이다.

> "무릇 내게 오는 자가 자기 부모와 처자와 형제와 자매와 더욱이 자기 목숨까지 미워하지 아니하면 능히 내 제자가 되지 못하고 누구든지 자기 십자가를 지고 나를 따르지 않는 자도 능히 내 제자가 되지 못하리라"(눅 14:26~27)

> "이와 같이 너희 중의 누구든지 자기의 모든 소유를 버리지 아니하면 능히 내 제자가 되지 못하리라"(눅 14:33)

지금 교회는 각자가 자신만은 그래도 어느 정도 양심 있는 크리스천이며 그럭저럭 하나님의 말씀대로 열심히 살아가는 크리스천이며, 그래도 누구와 비교해서 세속에 물들지 않은 크리스천이며 또한 이웃을 내 몸과 같이 사랑한다고 큰 소리로 자신하지만 정작 모든 소유를 버리기까지 주님을 따르는 참된 믿음의 제자는 찾아보기 드물다. 그러므로 주님께서는 인자가 다시 올 때 믿음을 보겠느냐고 하셨던 것이다.

지금 교회 안에는 문제 많은 세상 가운데서 해결을 받고 응답을 받아 부와 성공과 그 영향력을 소유하는 것을 하나님께 축복받은 신앙으로 착각하는 기이한 신앙관이 판을 치고 있다. 그리고 그와 같은 복을 받기 위해 열심히 기도하는 것을 대단한 기도신앙으로 착각하는 기복신앙이 뜨겁게 활활 타오르고 있다. 그러나 가장 위대한 예배는 선행의 삶을 힘써 실천하는 것임을 유념해야 한다.

"그러므로 우리는 예수로 말미암아 항상 찬송의 제사를 하나님께 드리자 이는 그 이름을 증언하는 입술의 열매니라 오직 선을 행함과 서로 나누어 주기를 잊지 말라 하나님은 이같은 제사를 기뻐하시느니라"(히 13:15~16)

예레미야 선지자가 피눈물을 흘리며 회개의 복음을 전할 당시 예루살렘 성읍 거리는 성전에서 개최하는 기도성회에 참석하는 사람들로 장사진을 이루었다. 그들은 자신들이야 말로 가장 하나님을 사랑하는 사람들이라고 착각했다. 가장 신앙의 정로를 행하는 사람들이라고 착각했다. 그들은 바벨론 군대에 의해 하나님의 도성인 예루살렘이 포위되었을 때, 그들이 평생 축적했던 소유와 평생을 걸쳐 쟁취했던 영향력이 소멸될 수 있는 풍전등화의 위기에서도 오히려 머리가 되게 하고 꼬리가 되지 않게 하시는 하나님의 도우심으로 저 막강한 원수 바벨론 군대가 결단코 자기들을 이기지 못할 것을 확신하며 뜨겁게 기도하고 있었다. 그러나 하나님께서는 그들의 장밋빛 기대와 무조건적인 확신을 단칼에 정죄하시며 코웃음을 치셨다. 그리고 안식년 법을 행하지 않는 그들을 향해 철저한 심판을 경고하셨다.

"너희는 예루살렘 거리로 빨리 다니며 그 넓은 거리에서 찾아보고 알라 너희가 만일 정의를 행하며 진리를 구하는 자를 한 사람이라도 찾으면 내가 이 성읍을 용서하리라"(렘 5:1)

"여호와께서 내게 이르시되 모세와 사무엘이 내 앞에 섰다 할지라도 내 마음은 이 백성을 향할 수 없나니 그들을 내 앞에서 쫓아 내보내라 그들이 만일 네게 말하기를 우리가 어디로 나아가리요 하거든 너는 그들에게 이르기를 여호와께서 이와 같이 말씀하시니라 죽을 자는 죽음으로 나아가고 칼을 받을 자는 칼로 나아가고 기근을 당할 자는 기근으로 나아가고 포로 될 자는 포로 됨으로 나아갈지니라 하셨다 하라"(렘 15:1~2)

"시드기야 왕이 예루살렘에 있는 모든 백성과 한가지로 하나님 앞에서 계약을 맺고 자유를 선포한 후에 여호와께로부터 말씀이 예레미야에게 임하니라 그 계약은 사람마다 각기 히브리 남녀 노비를 놓아 자유롭게 하고 그의 동족 유다인을 종으로 삼지 못하게 한 것이라 이 계약에 가담한 고관들과 모든 백성이 각기 노비를 자유롭게 하고 다시는 종을 삼지 말라 함을 듣고 순복하여 놓았더니 후에 그들의 뜻이 변하여 자유를 주었던 노비를 끌어다가 복종시켜 다시 노비로 삼았더라 그러므로 여호와의 말씀이 여호와께로부터 예레미야에게 임하니라 이르시되 이스라엘 하나님 여호와께서 이와 같이 말씀하시니라 내가 너희 선조를 애굽 땅 종의 집에서 인도하여 낼 때에 그들과 언약을 맺으며 이르기를 너희 형제 히브리 사람이 네게 팔려 왔거든 너희는 칠 년 되는 해에 그를 놓아줄 것이니라 그가 육 년 동안 너를 섬겼은즉 그를 놓아 자유롭게 할지니라 했으나 너희 선조가 내게 순종하지 아니하며 귀를 기울이지도 아니했느니라 그러나 너희는 이제 돌이켜 내 눈앞에 바른 일을 행하여 각기 이웃에게 자유를 선포하되 내 이름으로 일컬음을 받는 집에서 내 앞에서 계약을 맺었거늘 너희가 돌이켜 내 이름을 더럽히고 각기 놓아 그들의 마음대로 자유롭게 했던 노비를 끌어다가 다시 너희에게 복종시켜 너희의 노비로 삼았도다 그러므로 여호와께서 이와 같이 말씀하시니라 너희가 나에게 순종하지 아니하고 각기 형제와 이웃에게 자유를 선포한 것을 실행하지 아니했은즉 내가 너희를 대적하여 칼과 전염병과 기근에게 자유를 주리라 여호와의 말씀이니라 내가 너희를 세계 여러 나라 가운데에 흩어지게 할 것이며 송아지를 둘로 쪼개고 그 두 조각 사이로 지나매 내 앞에 언약을 맺었으나 그 말을 실행하지 아니하여 내 계약을 어긴 그들을 곧 송아지 두 조각 사이로 지난 유다 고관들과 예루살렘 고관들과 내시들과 제사장들과 이 땅 모든 백성을 내가 그들의 원수의 손과 그

들의 생명을 찾는 자의 손에 넘기리니 그들의 시체가 공중
의 새와 땅의 짐승의 먹이가 될 것이며 또 내가 유다의 시
드기야 왕과 그의 고관들을 그의 원수의 손과 그의 생명을
찾는 자의 손과 너희에게서 떠나간 바벨론 왕의 군대의 손
에 넘기리라 여호와의 말씀이니라 보라 내가 그들에게 명
령하여 이 성읍에 다시 오게 하리니 그들이 이 성을 쳐서
빼앗아 불사를 것이라 내가 유다의 성읍들을 주민이 없어
처참한 황무지가 되게 하리라"(렘 34:8~22)

하나님께서 이스라엘 지주들에게 요구하시는 금식은 자신
들의 밭농사 목축업의 형통을 위해 당면한 가뭄 문제를 해결
해 달라며 아우성치는 금식이 아니라 소유욕을 못 박는 금식
이다. 자신의 정욕과 탐심을 비우는 금식이다. 그러므로 이
스라엘의 지주들은 당시 그들의 재산 목록 1호였던 종들을
자유의 신분으로 방면해 줌으로써 하나님께서 이스라엘 백
성에게 명령하신 영원한 율법인 사랑의 삶을 살아야 했다. 그
사랑의 삶을 살기 위해서는 탐욕으로 배불러 있는 마음의 배
를 금식으로 비워야 한다. 그것이 하나님께서 기뻐하시는 금
식이다.

결국 하나님께서 가장 기뻐하시는 금식은 가뭄 문제 해결

을 위해 육신의 배를 곯는 굶식이 아니라 마음의 정욕을 비우고 율법의 영원한 이념인 사랑의 삶을 사는 것이다. 그러므로 하나님께서 이스라엘 백성에게 요구하시는 금식은 사생결단의 기도와 관련된 것이 아니라, 안식년법과 희년법을 실천하는 사랑의 삶과 관련이 있다. 안식년법과 희년법은 조금이라도 소유에 대한 애착을 가진 사람은 그 누구도 지킬 수 없는 고귀한 신앙의 법이다.

이 위대한 사랑의 법인 안식년법과 희년법은 예수 그리스도께서 제자들에게 명령하신 사랑의 계명을 지켜 행하기 위해 초대 교회가 밭과 집을 팔아 자기 것을 자기 것이라 하지 않고 형제 교우와 나누는 삶(행 4:32~35)에서 그 영원한 의미의 목적지에 다다른다.

율법의 본질인 사랑의 삶, 그 삶을 지켜 행하기 위해 안식년법과 희년법이 이스라엘 백성에게 주어졌는데, 결국 이 율법의 영원한 사랑의 이념은 초대 교회의 눈부신 사랑의 삶을 통해 폐하여지지 않고 그 완전한 의미에 이르게 된다. 초대 교회의 나눔의 삶 속에서 사랑의 율법은 완전해졌다.

사랑하는 처자의 기호 충족을 위해, 좀 더 고급스러운 가구 구매를 위해, 좀 더 고가의 신차 구입을 위해 일이백만 원 초과 지출은 순식간에 결단하면서도, 남들보다 겨우 열 평 남짓 넓은 메이커 아파트에 거주하기 위해 평당 천만 원, 거기다가 웃돈까지 얹어 계약서에 도장 찍을 때는 눈 하나 깜짝하지 않으면서 가난한 형제 교회와 형제 교우를 위해서는 단돈 일백만 원도 아까워 벌벌 떠는 신앙인들, 그러면서도 대형 교회 제자 양육반에 참석해서 고작 6개월 동안 밑줄 그어가며 성경 공부하고 나서는 대한민국 최고의 제자인 양 착각하고 살아가는 지금 교회 세대 안에는 하나님께서 찾으시는 믿음의 사람을 찾아보기 어렵다.

한평생 예배당을 출입하면서 "내게 있는 모든 것을 하나님께 아낌없이 드린다."라며 찬송을 쉬지 않고 불러왔으면서도 막상 죽을 때가 되면 장롱 안에 있는 토지 문서 들고 자녀들에게 균등 분배하느라 노심초사하는 인생들은 그 어떤 경우에도 구약의 안식년법과 희년법의 규례를 완전하게 했던 초대 교회 공동체의 사랑을 결단코 실천할 수 없다.

영원한 성경의 예언대로 "우리가 아무것도 가지고 온 것이 없으매 또한 아무것도 가져갈 수 없다"는 진리를 누구나 알고는 있지만, 그 누구도 이 진리에 부합하는 결산의 삶, 곧 하나님께서 요구하시는 청지기의 삶은 살지 않고 살려고도 하지 않는다. 주님께서 명하신 참된 제자도의 삶은 절대로 살지 않는다. 지금 교회 안에서 "주여! 주여!"하는 많은 신앙인이 장차 주님 다시 오시는 그날에 불의한 청지기로 철저하게 심판 받을 것이다. 이것이 진정 '영원한 예언'이다.

# 10. 마태복음 16:19의 천국 열쇠가 무적의 축복권인가?

"내가 천국 열쇠를 네게 주리니 네가 땅에서 무엇이든지 매면 하늘에서도 매일 것이요 네가 땅에서 무엇이든지 풀면 하늘에서도 풀리리라"(마 16:19)

땅에서 매면 하늘에서도 매이고, 땅에서 풀면 하늘에서도 풀린다는 이 한 구절의 말씀이 오늘날 잘못된 신앙관을 가진 목회자들과 교인들에 의해 '이 세상에서 당면한 인생 문제 해결의 만능열쇠', 혹은 '무적의 축복권', 혹은 '무엇이든지 목적하고 기도하면 그 기도가 응답된다.'는 식으로 왜곡되어 해석되고 적용되고 있다.

마태복음 16:19을 바르게 해석하려면 교회에게 약속된 "땅에서 매면 하늘에서도 매일 것이요 무엇이든지 땅에서 풀면 하늘에서도 풀리리라"는 말씀이 어떤 취지로 기록되었는가 하는 것을 동일한 말씀이 기록된 마태복음 18:15~20의 문맥 안에서 살펴보아야 한다.

"네 형제가 죄를 범하거든 가서 너와 그 사람과만 상대하여 권고하라 만일 들으면 네가 네 형제를 얻은 것이요 만일 듣지 않거든 한두 사람을 데리고 가서 두세 증인의 입으로 말마다 확증하게 하라 만일 그들의 말도 듣지 않거든 교회에 말하고 교회의 말도 듣지 않거든 이방인과 세리와 같이 여기라 진실로 너희에게 이르노니 무엇이든지 너희가 땅에서 매면 하늘에서도 매일 것이요 무엇이든지 땅에서 풀면 하늘에서도 풀리리라 진실로 다시 너희에게 이르노니 너희 중의 두 사람이 땅에서 합심하여 무엇이든지 구하면 하늘에 계신 내 아버지께서 그들을 위하여 이루게 하시리라 두세 사람이 내 이름으로 모인 곳에는 나도 그들 중에 있느니라"(마 18:15~20)

마태복음 18:15~20는 마태복음 16:19에서 베드로에게 허락된 천국 열쇠의 권세가 교회에게도 동일하게 주어져 있음을 말씀하고 있다. 그러므로 마태복음 16:19에서 베드로에게 약속된 "땅에서 무엇이든지 매면 하늘에서도 매이고, 땅에서 무엇이든지 풀면 하늘에서도 풀리리라."는 말씀의 의미를 올바로 해석하기 위해서는 마태복음 18:18에서 교회에게 약속된 "무엇이든지 너희가 땅에서 매면 하늘에서도 매이고, 무엇이든지 땅에서 풀면 하늘에서도 풀리리라."라는 말씀의 의미를 함께 해석해야 한다.

마태복음 18:18에서 약속된 땅에서 매면 하늘에서도 매이고, 땅에서 풀면 하늘에서도 풀린다는 권세의 말씀은 교인 개개인에게 인생 문제를 해결 받기 위한 기도의 권세와 관련해서 주신 말씀이 아니라, 두세 사람이 주의 이름으로 모여서 하나님의 나라를 구성하는 교회가 그 구성원들을 어떻게 다스리고 치리해서 교회 공동체를 유지할 것인가를 가르치면서 주신 말씀이다.

마태복음 18:15~20에 언급된 내용은 교회의 교유한 권세 중 하나인 '치리권'과 관련이 있다. 교회는 세상 법의 원리가 지배하는 곳이 아니라 하나님의 통치가 이루어지는 곳이다. 교회는 하나님의 나라이다. 그러므로 하나님의 나라인 교회는 하나님의 법대로 다스림을 받아야 한다. 세상 나라는 영토와 민족을 따라 구성되었지만 하나님의 나라는 혈통으로나 육적으로나 사람의 뜻으로 나지 않고 하나님께로서 난 자들로 구성된 나라이다. 그러므로 영토와 민족의 경계를 초월하는 하나님의 나라는 독특한 특성이 있는데, 그것은 거룩함과 순결함과 의로움과 신성불가침이다. 오로지 교회는 신성불가침의 특성으로 거룩함과 순결함과 의로움을 유지해야 한다. 따라서 거룩함과 순결함과 의로움을 침해하는 요소는 하나님의 법으로 단호하게 척결해야 한다.

본문은 교회 안에 교회의 거룩한 일치성을 파괴하는 사람에 대한 대처 방안을 이야기하고 있다. 교회의 거룩함과 교회의 순결함과 교회의 의로움에 심각한 타격을 가하는 형제를 어떻게 처리해야 할까? 그에게 국가의 형법을 적용시켜야 하는가? 그래서 교도소에 보내야 할까? 아니다. 하나님의 나라인 교회의 거룩함과 순결함과 의로움을 침해한 사람을 제지할 수 있는 국가의 형법은 있지도 않을뿐더러 있어서도 안 된다. 그러므로 교회는 오로지 하나님의 말씀의 법에 입각해서 하나님께서 지시하신 방법으로 교회의 거룩함과 순결함과 의로움을 침해하는 사람에 대해 제재를 가해야 하는데, 바로 이것이 '출교의 권한'이다. 이 출교 권한은 오로지 하나님의 나라인 교회에게만 주어진 신성불가침의 권리이다. 그래서 초대 교회는 세상 법과 상관없는 하나님의 법인 치리권을 제정해서 교회의 암적 요소를 출교시켰고, 이를 통해 하나님의 나라인 교회의 거룩함과 순결함과 의로움을 사수했다.

하나님께서 교회에 위임하신 치리권은 교리의 문제에도 적용이 되는데, 만약 교회 안에 잘못된 교훈이 들어오는 경우에 교회는 교리의 순결을 지키기 위해 잘못된 교훈을 설파한 거짓 선생들을 추방할 권세와 책임이 있다. 물론 이런 권세는 세상의 법으로 집행하는 것이 아니라 교회가 하나님의 말씀에 근거해서 성령의 조명으로 잘못된 교훈과 거짓 선생을 분별하고 추방할 것을 결의하면 어떤 세상의 법도 교회의 신성불가침의 교리권 발동을 방해할 수 없다. 그래서 에베소 교회가 자칭 사도라 하되 아닌 자들을 분별하여(계 2:2) 출교시킨 것은 교회에게 주신 고유한 치리의 권세를 활용한 사례이다.

주님으로부터 천국 열쇠를 받은 베드로는 사도들의 대표였다. 그러므로 사도 베드로가 주님으로부터 받은 천국 열쇠는 결국 교회의 터(엡 2:20)인 사도들 전체에게 주어진 것이고, 그 열쇠는 또한 교회에게 주어진 고유한 권세의 열쇠이다. 그러므로 마태복음 18:15~20에서 교회에게 주어진 "땅에서 매면 하늘에서도 매이고 땅에서 풀면 하늘에서도 풀린다"라는 이 놀라운 권세가 교회의 치리권과 관련된 것을 볼 때, 마태복음 16:19에서 베드로에게 주어진 천국 열쇠의 권세는 개개인의 당면한 인생 문제 해결을 위한 만능열쇠도 아니며, 목회자가 교인에게, 장로나 권사가 평신도에게, 교인이 교인에게, 아버지가 아들에게, 어머니가 딸에게 선언하는 축복권도 아니며, 무엇이든지 입술로 시인하면 시인한 대로 되고, 생각한 대로 기도하면 생각한 대로 해결되고 응답된다는 헛된 주술적 권세가 아니다.

주님께서는 교회의 터가 된 사도들의 대표인 베드로에게도 천국 열쇠를 주셨고, 이 권세의 열쇠는 또한 베드로의 신앙 고백인 "주는 그리스도시며 살아 계신 하나님의 아들이심"을 고백하는 성도들의 모임인 교회에게도 동일하게 주셨다. 그러므로 베드로는 예수 그리스도를 주(主)와 살아 계신 하나님의 아들로 고백하는 모든 교회를 대표해서 천국 열쇠의 권세를 받은 것이다. 그래서  예수 그리스도를 주(主)로 고백하는 교회와 교회의 터가 된 사도들은 이 고유한 권세로 하나님의 나라인 교회의 기틀을 견고하게 세워나갔다.

# 11. 빈 배가 채워지는 기적의 의미

밤이 맞도록 고기를 잡지 못한 베드로의 빈 배에 오르신
주님께서는 "더 깊은 데로 가서 그물을 던지라."고 말씀하셨
다. 베드로는 그 말씀에 순종했고 그 결과 그물이 찢어질 정
도로 많은 고기가 잡혀 배가 잠길 정도가 되었다.

"호숫가에 배 두 척이 있는 것을 보시니 어부들은 배에서
나와서 그물을 씻는지라 예수께서 한 배에 오르시니 그 배
는 시몬의 배라 육지에서 조금 떼기를 청하시고 앉으사 배
에서 무리를 가르치시더니 말씀을 마치시고 시몬에게 이
르시되 깊은 데로 가서 그물을 내려 고기를 잡으라 시몬이
대답하여 이르되 선생님 우리들이 밤이 새도록 수고했으
되 잡은 것이 없지마는 말씀에 의지하여 내가 그물을 내리

리이다 하고 그렇게 하니 고기를 잡은 것이 심히 많아 그
물이 찢어지는지라 이에 다른 배에 있는 동무들에게 손짓
하여 와서 도와 달라 하니 그들이 와서 두 배에 채우매 잠
기게 되었더라"(눅 5:2~7)

이 기적 사건의 의미는 우리에게 무엇을 교훈하고 있는가?
오늘날 횡행하는 많은 설교의 한계는 주님께서 베푸신 이 놀
라운 기적 사건을 개개인 인생사의 물질 축복과 관련해서 가
르친다는 것이다. 그래서 모든 인생 문제 앞에서 하나님께서
책임져 주신다는 것을 믿고 순종해서 열심히 기도함으로 계
획한 일을 시작하면 기적적인 물질 축복을 받는 것으로 이해
하고 설교한다. 그러나 우리가 이 기적 사건에서 명심해야 할
것은 베드로가 경험한 그물이 찢어질 정도가 되었던 만선(滿
船)의 축복은 하룻밤의 놀라운 체험에 불과했다는 사실이다.
　베드로는 만선의 기적이 가져다주는 물질 축복을 누리지
못하고 오히려 소유와 처자들을 버리고 오직 한 분 예수 그리
스도를 따라 자기 부인의 십자가 길을 걸어갔다. 결국 이 놀
라운 기적의 축복은 베드로의 이후 인생을 부자로 만들어 주
었던 것이 아니라, 모든 소유를 버리고 하나님께서 명령하신
사명의 길을 걸어가게 했다.

"시몬 베드로가 이를 보고 예수의 무릎 아래에 엎드려 이르되 주여 나를 떠나소서 나는 죄인이로소이다 하니 이는 자기 및 자기와 함께 있는 모든 사람이 고기 잡힌 것으로 말미암아 놀라고 세베대의 아들로서 시몬의 동업자인 야고보와 요한도 놀랐음이라 예수께서 시몬에게 이르시되 무서워하지 말라 이제 후로는 네가 사람을 취하리라 하시니 그들이 배들을 육지에 대고 모든 것을 버려두고 예수를 따르니라"(눅 5:8~11)

단 하룻밤의 만선의 기적 축복을 경험한 베드로는 이후 모든 소유와 처자를 버리고 스승이신 예수 그리스도를 따라 믿음의 길을 떠났다. 그러나 3년이나 스승 예수를 좇아왔던 믿음의 길이건만 단 하룻밤의 두려움과 공포를 이기지 못하고 스승 예수 그리스도를 부인하고 말았다. 포박되어 매 맞고 끌려가는 예수 그리스도를 먼발치에서 좇다가 대제사장 뜰 안의 모닥불가에서 하찮은 계집종의 추궁에 무려 세 번에 걸쳐 저주하면서까지 주님을 부인했다. 한때는 "비록 모든 사람이 다 주님을 버릴지라도, 나는 절대로 버리지 않겠습니다."(마 26:33, 새번역)라고 호언장담했건만, 하룻밤의 두려움과 공포 앞에서 육신의 생명을 잠시 잠깐 보존하기 위해 영원한 생명의 주인을 부인했던 것이다. 그 순간 베드로는 자신을 돌아보시는 주님의 슬픈 눈을 마주했다. 그리고 자신의 배신을 예언했던 주님의 말씀(마 26:34)을 새벽닭의 울음과 함께 떠올리며 하염없이 흐느껴 울었다.

고난받으시고, 십자가에서 죽으시고, 사흘 만에 부활하신 주님께서는 다시 베드로의 빈 배에 오르셨다. 그리고 다시 한번 만선의 기적 축복을 통해 베드로가 마주하는 당신이 부활하신 능력의 주님이심을 확인해 주셨다.

> "날이 새어갈 때에 예수께서 바닷가에 서셨으나 제자들이
> 예수이신 줄 알지 못하는지라 예수께서 이르시되 얘들아
> 너희에게 고기가 있느냐 대답하되 없나이다 이르시되 그
> 물을 배 오른편에 던지라 그리하면 잡으리라 하시니 이에
> 던졌더니 물고기가 많아 그물을 들 수 없더라"(요 21:4~6)

다시 한번 만선의 기적을 체험한 후 베드로는 그 기적을 베푸신 분이 부활하신 주님이시라는 사실을 동료에게서 듣고는 주체할 수 없는 기쁨으로 바다로 뛰어들었다. 주님께서는 제자들과 잡은 생선으로 조반을 함께 하시면서 베드로에게 거듭 세 번에 걸쳐 "요한의 아들 시몬아, 네가 나를 사랑하

느냐?"라고 묻고 물으셨다. 그 순간 베드로는 얼마 전 대제사장의 뜰에서 계집종의 세 번에 걸친 추궁에 저주하면서까지 주님을 부인했던 자신의 나약하고 비겁한 모습이 뇌리를 스쳐 갔다. 그는 힘없이 고개를 떨구고 "내가 주를 사랑하는 줄 주께서 아십니다."라는 말만 할 수밖에 없었다. 그는 마음은 원이지만 육신이 연약하여 자신의 의지대로 어떻게 해 볼 수 없는 인간 실존의 슬픈 한계를 뼈저리게 느꼈다. "주여 그렇습니다. 내가 주를 사랑하는 줄을 주께서 아십니다."라고 대답하는 베드로에게 주님께서는 계속해서 "내 어린양을 먹이라." "내 양을 치라." "내 양을 먹이라."고 거듭 세 번을 당부하셨다.

"그들이 조반 먹은 후에 예수께서 시몬 베드로에게 이르시되 요한의 아들 시몬아 네가 이 사람들보다 나를 더 사랑하느냐 하시니 이르되 주님 그러하나이다 내가 주님을 사랑하는 줄 주님께서 아시나이다 이르시되 내 어린 양을 먹이라 하시고 또 두 번째 이르시되 요한의 아들 시몬아 네가 나를 사랑하느냐 하시니 이르되 주님 그러하나이다 내가 주님을 사랑하는 줄 주님께서 아시나이다 이르시되 내양을 치라 하시고 세 번째 이르시되 요한의 아들 시몬아 네가 나를 사랑하느냐 하시니 주께서 세 번째 네가 나를 사랑하느냐 하시므로 베드로가 근심하여 이르되 주님 모든 것을 아시오매 내가 주님을 사랑하는 줄을 주님께서 아시나이다 예수께서 이르시되 내 양을 먹이라 내가 진실로 진실로 네게 이르노니 네가 젊어서는 스스로 띠 띠고 원하는 곳으로 다녔거니와 늙어서는 네 팔을 벌리리니 남이 네게 띠 띠우고 원하지 아니하는 곳으로 데려가리라 이 말씀을 하심은 베드로가 어떤 죽음으로 하나님께 영광을 돌릴 것을 가리키심이러라 이 말씀을 하시고 베드로에게 이르시되 나를 따르라 하시니"(요 21:15~17)

이후 베드로는 두 번 다시 그와 같이 배에 물고기가 가득 차는 기적의 축복을 경험하지 못한다. 그 만선의 축복은 결국 베드로의 삶에 물질 축복과 사업 축복으로 응한 것이 아니다. 베드로의 생업 수단이던 빈 배에 채워졌던 기적의 축복은 먼 훗날 오순절 성령 강림 때 사도 베드로의 설교로 수없이 많은 영혼이 회개하고 예수 그리스도의 이름으로 구원받아 그 영혼들이 하나님의 집에 가득 채워지는 기적의 전도 현장에서 응했다. 사도 베드로는 그날 하루에 3천 명을 회심시켰다(행 2:14~42). 이처럼 베드로가 경험했던 만선의 축복은 물질 축복이 아니라 영혼 구원의 축복과 관련이 있다.

누구도 체험하지 못한 만선의 기적을 베드로는 자신의 삶에서 두 번의 분기점에서 경험했지만, 그는 절대로 물질 축복, 사업 축복은 받지 못했다. 첫 번째 만선의 기적은 그로 하여금 모든 것을 버리고 주를 따르게 했다. 그리고 두 번째 만선의 기적은 베드로의 사업 성공을 예시하는 기적이 아니라, 그가 수없이 많은 영혼을 회심시켜 하나님의 집을 채우는 놀라운 사건을 예시하고 있다. 그런데 지금 우리는 베드로가 경험했던 만선의 축복을 내 인생의 물질 축복과 사업 축복으로만 이해하고 기대하고 적용한다.

오늘 우리는 부모와 처자와 소유를 미워할 정도로, 그리고 모든 소유를 버릴 정도로 제자도(눅 14:26~27, 33)의 길을 걸어가기는커녕 밤마다 새벽마다 십자가 길을 걸어가시는 주님의 옷자락을 부여잡고 썩고 쇠하여 갈 인생의 빈 배에 기적적인 물질의 축복이 넘쳐나기를 애원한다. 생업을 위한 육신의 빈 배에 매일매일 하나님의 기적으로 물고기가 넘쳐나기를 꿈꾸면서 긍정적 사고와 긍정적 입술의 부적을 이마와 손에 붙이고 문제 해결 받고 축복 응답받는다고 난리들이다. 듣는다는 성령의 음성들은 하나같이 언제 어느 시에 믿음으로 그물을 던지면, 곧 믿음으로 기도하면 물고기 떼가 그물이 찢어질 정도로 채워져서 물질 축복받는다는 망령된 소리들뿐이다.

물론 말들은 그렇게 한다. '육신의 빈 배에 물고기가 가득 채워지면 그것을 내다 팔아서 좀 더 많은 십일조를 하고 좀 더 많은 선교헌금을 해서 하나님의 나라와 의를 위해 좀 더 많은 물질 헌신을 하겠다.'라고. 그러나 그것은 자신의 욕심과 야망과 탐욕을 하나님의 영광으로 포장한 얄팍한 기도이고 서원이고 결단이다.

마게도냐 교회는 그야말로 빈 배 중의 빈 배였다. 이유는 그들이 극한 가난과 극심한 핍박 가운데 있었기 때문이다. 그러나 그들의 빈 배에는 금과 은이 아니라 구원의 기쁨으로 가득 찼고, 이로 인해 극한 가난 가운데서도 풍성한 사랑의 연보를 드리는 선행의 열매가 가득 채워졌다(고후 8:1~5). 이와 같은 역설의 기쁨, 역설의 헌신, 역설의 사랑을 가리켜 사도 바울은 예수 그리스도께서 부요하신 자로서 죄인을 위해 가난하게 되심으로 받은 구원의 기쁨으로 부요하게 된 마게도냐 교회가 형제 예루살렘 교회를 위해 아낌없이 사랑의 연보를 보냄으로 가난한 형제 예루살렘 교회를 부요하게 했다고 말했다(고후 8:9).

베드로가 체험한 만선의 축복을 매일매일 생업의 빈 배를 채우는 하나님의 기적으로 허구한 날 설교하는 목회자들은 고린도후서 8:9의 말씀도 예수 그리스도가 우리를 위해 가난하게 되어 우리로 부요하게 하셨기 때문에 이제 우리는 그 사랑을 힘입어 부자 되는 인생을 살아야 한다고 웅변한다. 이들이 바로 경건의 말씀을 이익의 재료로 바꾼 마음이 부패한 거짓 선생들이다(딤전 6:5).

예수 그리스도께서 부요하신 자로서 가난하게 되심은 하나님으로서 죄인 구원을 위해 성육신하셔서 십자가에 죽으심이다. 이처럼 예수 그리스도께서 십자가에서 피 흘려 죽으심으로 죄인을 향해 목숨 버리신 사랑을 풍성하게 공급하심은 구속받은 죄인으로 하여금 말로만이 아니라 풍성한 사랑의 연보로서 율법의 모든 것인 사랑의 삶을 풍성하게 결실하는 부자가 되게 하기 위함이다(요일 3:16~17).

구약의 율법이 약속했던 풍성한 소산의 축복, 차고 넘치는 결실의 축복은 예수 그리스도 안에서 하늘에 속한 모든 신령한 복인 구원의 복으로 성취되었다(엡 1:3~7). 사도 바울은 이 구원의 복을 받은 자신이 비록 육신의 삶에는 가난과 핍절과 곤고함과 핍박이 넘쳐났지만 오히려 많은 사람을 부요하게 하고, 모든 것을 가진 자가 되었다고 고백했다.

"근심하는 자 같으나 항상 기뻐하고 가난한 자 같으나 많

은 사람을 부요하게 하고 아무것도 없는 자 같으나 모든 것을 가진 자로다"(고후 6:10)

주님께서는, 극히 값진 진주 하나를 사려고 자기의 소유를 다 파는 진주장사처럼(마 13:45~46) 구원의 복을 위해 이 땅에 속한 모든 소유를 버릴 것을 명령하셨다(눅 14:33). 그러므로 사도 바울은 하늘에 속한 모든 복인 구원의 복을 받은 이후 자신이 그동안 이 세상에서 소유했던 모든 육신의 복을 배설물처럼 버렸다. 그러나 지금 교회는 세상에 속한 육신의 복을 주님의 옷자락을 잡고 절규해서 해결 받아야 할 신령한 복으로 믿는다.

지금 교회는 믿음과 십자가, 믿음과 제자도를 배우지 않고 믿음과 꿈, 믿음과 해결, 믿음과 응답을 배운다. 결국 믿음과 세상의 만복을 연관해서 가르치고 배우는 사람들은 하나같이 베드로가 일생에서 딱 두 번 경험했던 만선의 기적 사건을 인생에서 매 순간 겪는 문제를 해결 받으려는 목적으로 해석하고 적용한다. 그래서 생업의 빈 배를 채우는 기도를 배우고, 생업의 빈 배를 채우는 꿈을 디자인하며 살아간다.

부활의 주님을 만난 베드로는 "요한의 아들 시몬아 네가 나를 사랑하느냐?"하시는 예수 그리스도의 거듭되는 질문에, 한때 자신만은 결코 주님을 부인하지 않을 것이라고 큰소리치다가 단 하룻밤 만에 그 주님을 저주하면서까지 부인했던 자신의 치욕스러운 행위를 돌아보며 단지 "주께서 아십니다."라고 대답할 수밖에 없었다. 바로 그 베드로의 부끄러운 고백의 자리가 오늘날 물질 축복받고 꿈을 이루어 하나님의 나라와 의를 위해 헌신하겠다고 큰소리로 허풍 떠는 우리가 겸손하게 자기 신앙의 주제를 파악하는 자기 성찰의 자리가 되어야 한다.

# 12. 야베스의 기도가 교훈하는 복

하나님의 명령을 따라 이스라엘 백성이 만들었던 성막의 가장 중심부는 지성소이다. 그 지성소는 하나님의 보좌가 좌정한 거룩한 곳이다. 마찬가지로 에덴동산의 중앙은 하나님의 보좌가 좌정한 곳이다. 그 동산 중앙에는 생명나무와 선악을 알게 하는 나무가 함께 있었다. 탐욕에 사로잡혀 동산 중앙을 쳐다보면 생명나무가 눈에 들어오지 않고, 보암직한 선악을 알게 하는 나무가 먹음직스럽게 구미를 당긴다.

탐욕에 사로잡혀 하나님의 말씀을 쳐다보면 전혀 다른 방향의 해석이 도출된다. 그 결과 생명의 말씀은 더해지거나 감해져 그 본 뜻이 왜곡된다. 바로 이것이 하나님의 말씀을 가감하는 가장 무서운 죄이다. 생명의 말씀이 사람의 소원(탐심)을 따라 왜곡된 해석을 도출하면 그 말씀은 하나님의 음성이 아니라 사탄의 음성이 된다. 동산 중앙에 생명나무 곁에 선악을 알게 하는 나무가 있었듯이 생명의 말씀은 잘못된 해석을 통해 선악을 알게 하는 나무의 실과가 된다.

하나님의 말씀은 분명히 우리가 구하고 찾고 두드려야 하는 대상이 성령이라고 못을 박고 있다(눅 11:9~13). 따라서 우리가 거룩함과 흠이 없는 삶을 최우선 신앙의 과제로 삼고 살아간다면 육체의 소욕을 제어할 수 있는 성령의 능력을 구하고 찾고 두드리겠지만, 신앙의 목적을 이 땅의 쇠하고 썩을 이생의 꿈에 두면 기도하고 구하고 찾고 두드리는 대상이 성령이아니라 세상 문제 해결이 된다.

오늘 우리는 "성령 충만 주시옵소서."라고 기도하면서도 실제 기도의 목적은 인생 문제에 두고 있다. 성령은 인생 문제 해결을 위한 도깨비방망이가 아니다. 우리 신앙의 목적은 예수 그리스도의 형상을 좇아 거룩하고 흠이 없는 삶을 살아가는 것이다. 그러므로 사도 바울은 자신이 해산의 수고로 교회를 양육하는 목적은 교회에게 세상의 꿈을 심어주고 긍정적 사고와 긍정적 마인드를 가지게 하려 함이 아니라 예수 그리스도의 형상을 이루게 하려 함이라고 했다.

"나의 자녀들아 너희 속에 그리스도의 형상을 이루기까지

다시 너희를 위하여 해산하는 수고를 하노니"(갈 4:19)

우리 신앙의 목적은 인생의 꿈과 비전이 아니라 예수 그리
스도를 닮는 장성한 자의 충만한 분량이다.

"우리가 다 하나님의 아들을 믿는 것과 아는 일에 하나가
되어 온전한 사람을 이루어 그리스도의 장성한 분량이 충
만한 데까지 이르리니 이는 우리가 이제부터 어린아이가
되지 아니하여 사람의 속임수와 간사한 유혹에 빠져 온갖
교훈의 풍조에 밀려 요동하지 않게 하려 함이라 오직 사랑
안에서 참된 것을 하여 범사에 그에게까지 자랄지라 그는
머리니 곧 그리스도라"(엡 4:13~15)

예수 그리스도께서 과연 자신의 인생과 관련해서 성공의
꿈을 디자인하셨을까? 예수님께서 과연 좋은 집을 꿈꾸시고,
좋은 별장을 꿈꾸시고, 좋은 차를 꿈꾸시고, 좋은 직장을 꿈
꾸시고, 부자 된 자기 모습을 그려 보시고, 성공한 자기 모습
을 그려 보시고, 바벨탑같이 웅장한 자신의 예배당 건축을 꿈
꾸셨을까?
지금 교회는 야베스가 기도했던 "주께서 내게 복에 복을

더하사 나의 지경을 넓히시고"(대상 4:10, 개역한글)을 세속적인 시각으로 헤아리고 있다. 탐욕의 마음을 가지고 하나님의 말씀을 보았기 때문이다. 하나님의 말씀을 영혼을 살리는 생명의 말씀이 아니라 육신을 배부르게 하기 위한 세속의 교훈으로 전락시켰다. 그래서 "나의 지경을 넓히시고"를 물질적인 축복을 약속하는 말씀으로 오해해서 이 땅에서 부동산과 사업장과 부와 성공과 영향력의 지경을 넓히기 위한 기도 구절로 적용한다. 그러나 야베스의 기도가 교훈하는 바는 기도하면 하나님께서 부동산 평수를 넓혀 주시고, 아파트 평수를 넓혀 주시고, 공장 평수를 넓혀 주시고, 사무실 평수를 넓혀 주시고, 영업장 평수를 넓혀 주시고, 내 사업의 지경을 넓혀 주시겠다는 약속의 말씀이 아니다.

야베스의 기도문이 교훈하는 바를 바르게 이해하기 위해서는 율법이 규정하고 있는 토지 개념을 알아야 한다. 율법은 이스라엘 백성에게 토지를 영영히 매매하지 말 것을 명령한다.

"토지를 영구히 팔지 말 것은 토지는 다 내 것임이니라 너희는 거류민이요 동거하는 자로서 나와 함께 있느니라"(레 25:23)

이스라엘 나라에서만큼은 땅을 파는 자는 땅의 상속권이 완전히 상실되게 팔 수 없었으며, 또한 땅을 사는 자도 그 땅을 영원히 자기 땅으로 소유할 수 없었다. 토지는 이스라엘 개개인의 것이 아니라 하나님의 것이기 때문이다. 따라서 우리가 흔히 오해하고 있는 것처럼 야베스가 기도해서 자신의 지경이 확대되어 넓은 부동산을 소유하게 되었다면 그는 하나님의 율법을 지키지 않은 자가 된다. 그렇다면 그는 학사 에스라에 의해서 역대기서에 기도의 주인공으로 등장할 수도 없었을 것이다.

이스라엘 백성이 점유하고 있는 땅 전체는 야훼 하나님의 소유였다. 이스라엘 백성은 단지 소작인으로서 그 땅을 하나님으로부터 분배받은 것에 불과했다. 그러므로 그 누구도 하나님의 소유인 가나안 땅의 지분을 돈을 받고 영원히 팔 수 없었고, 돈을 주고 영원히 살 수 없었다. 설령 동족의 땅을 금전 채무에 의해서 소유하게 되었다 할지라도 희년, 즉 오십 년마다 저당 잡았던 모든 땅을 원주인에게 돌려주어야만 한다. 그리고 희년이 되기 전이라도 금전적 어려움으로 인해 땅을 저당 잡힌 채무자의 친족은 자기들의 형편에 따라서 의무적으로 저당 잡힌 친족의 땅을 매입해서 돌려주어야 한다.

"너희 기업의 온 땅에서 그 토지 무르기를 허락할지니 만일 네 형제가 가난하여 그의 기업 중에서 얼마를 팔았으면 그에게 가까운 기업 무를 자가 와서 그의 형제가 판 것을 무를 것이요 만일 그것을 무를 사람이 없고 자기가 부유하게 되어 무를 힘이 있으면 그 판 해를 계수하여 그 남은 값을 산 자에게 주고 자기의 소유지로 돌릴 것이니라 그러나 자기가 무를 힘이 없으면 그 판 것이 희년에 이르기까지 산 자의 손에 있다가 희년에 이르러 돌아올지니 그것이 곧 그의 기업으로 돌아갈 것이니라"(레 25:24~28)

결국 이스라엘 백성은 어떤 경우에도 타인의 지경을 영원히 소유할 수 없었다. 이 율법이 신실한 신앙인들에 의해서 시행되었다는 증거는 예레미야가 예루살렘이 포위되었을 당시에 친족의 땅을 무른 것과(렘 32:6~15) 보아스가 자신의 친족 엘리멜렉의 땅 값을 무른 것에서 찾아 볼 수 있다(룻 4:1~12).

율법을 지켜 행하는 신실한 신앙인이라면 결코 땅 부자가 될 수 없었다. 이스라엘 백성은 "토지를 영영히 팔지 말라."하신 하나님의 명령을 따라 그들의 조상인 광야 2세대가 여호수아로부터 분배 받았던 가나안의 토지를 남에게 영원히 돈을 받고 양도할 수 없었을 뿐 아니라 타인의 토지를 어떤 이유로도 영원히 자기 소유로 만들 수 없었기 때문이다. 그래서 아합 왕이 나봇의 포도원을 사겠다고 제의했을 때, 나봇은 모든 금전적 이득을 포기하고 아합 왕의 위협에도 전혀 굴하지 않고 자신의 열조가 물려준 기업의 땅을 죽음으로써 지켜 내었던 것이다. 이렇게 함으로써 나봇은 하나님이 명하신 율법을 지켰던 것이다(왕상 21:1~16).

개개인의 토지를 영원히 양도할 수 없고, 타인의 토지를 영원히 소유할 수 없는 구약의 율법의 규례에 비추어 볼 때, "나의 지경을 넓혀 주시옵소서."라는 야베스의 기도는 자신을 땅 부자 만들어 달라는 기도가 결코 아니다. 그런데 오늘 우리는 야베스의 기도를 인용하여 이 세상에서 물질적 축복을 받게 해 달라고 기도하고 있다. 말씀을 가르치는 자나 배우는 자 모두 탐욕의 눈으로 동산 중앙에 있는 생명의 말씀을 바라보기 때문에 신령한 말씀의 뜻을 세속적인 목적으로 해석해서 경건의 말씀을 이익의 재료로 만들어버리고 있다(딤전 6:5).

오늘 교회 세대는 경건을 이익의 재료로 생각하는 다른 교훈들의 범람 속에서 경건에 관한 교훈의 말씀에 착념하지 않다 보니 가르치는 자나 배우는 자나 모두 투기와 분쟁과 훼방의 행위를 멈추지 못하고, 돈을 사랑하는 악한 생각에서 벗어

나지 못하고 있다(딤전 6:3~10). 그러므로 가르치는 자나 배우는 자 모두가 하나님의 일을 축복이라는 미명으로 금전적인 가치 기준에서 생각하고 금전적인 가치 기준에 따라 행동한다. 그래서 이 땅에서 청지기의 삶을 실천하기 위해서 신앙하는 것이 아니라 안락과 성공과 부와 평안과 명예에 가치를 두고 신앙한다. 그러다 보니 예수를 믿고 신앙생활 열심히 하면 부자 되고 성공한다는 믿음 아닌 믿음이 모든 교인의 마음에 자리 잡고 있다. 따라서 믿음의 선한 싸움의 목적이 성령의 열매인 의와 경건과 믿음과 사랑과 인내와 온유(딤 6:11~12)가 아니라 이 땅에서 꿈을 이루고 부와 성공과 그 영향력을 소유하는 것이 되었다. 이처럼 하나님의 말씀을 경건을 이루기 위한 신령한 말씀으로 바라보지 않고 자기 인생에 이익을 가져다주는 황금 열쇠로 생각하는 사람들에게 믿음의 선한 싸움은 영생(딤전 6:11~12)을 위한 것이 아니라 인생에서 꿈을 이루고 부와 성공과 그 영향력을 소유하기 위한 것이 되었다.

야베스가 구했던 "복의 복"(개역한글)은 그 옛날 믿음의 조상인 아브라함이 하나님께 약속받았던 참된 축복으로서 그 축복의 본질은 '씨와 나라', 즉 '후손과 지경'에 대한 축복이다. '씨'의 축복은 우리가 영적 아브라함의 후손이 되어 예수 그리스도의 지체, 곧 예수 그리스도의 몸 된 교회가 되는 것으로

성취되었고, 구약 이스라엘 백성에게 가나안의 지경으로 성
취되었던 '나라'의 축복은 우리가 하나님 나라의 백성이 되어
구원받는 것으로 성취되었다.

> "너희는 택하신 족속이요 왕 같은 제사장들이요 거룩한 나
> 라요 그의 소유가 된 백성이니"(벧전 2:9전)

아브라함은 육체적인 할례에 의해서 구약 이스라엘 백성
의 조상이 되었고, 그가 하나님께 가졌던 믿음에 의해서 신약
이스라엘 백성인 교회 세대에게도 믿음의 조상이 되었다.

> "그가 할례의 표를 받은 것은 무할례시에 믿음으로 된 의
> 를 인친 것이니 이는 무할례자로서 믿는 모든 자의 조상이
> 되어 그들도 의로 여기심을 얻게 하려 하심이라 또한 할례
> 자의 조상이 되었나니 곧 할례받을 자에게뿐 아니라 우리
> 조상 아브라함이 무할례시에 가졌던 믿음의 자취를 따르
> 는 자들에게도 그러하니라 아브라함이나 그 후손에게 세
> 상의 상속자가 되리라고 하신 언약은 율법으로 말미암은
> 것이 아니요 오직 믿음의 의로 말미암은 것이니라 만일 율
> 법에 속한 자들이 상속자이면 믿음은 헛것이 되고 약속은

파기되었느니라 율법은 진노를 이루게 하나니 율법이 없
는 곳에는 범법도 없느니라 그러므로 상속자가 되는 그것
이 은혜에 속하기 위하여 믿음으로 되나니 이는 그 약속을
그 모든 후손에게 굳게 하려 하심이라 율법에 속한 자에게
뿐만 아니라 아브라함의 믿음에 속한 자에게도 그러하니
아브라함은 우리 모든 사람의 조상이라"(롬 4:11~16)

교회는 아브라함이 하나님 앞에서 의로 여기심을 받은 믿
음의 길을 따라 예수 그리스도를 구주로 믿는 믿음 안에서 하
나님의 아들들이 되어 약속된 하나님의 나라를 유업으로 받
았다(약 2:5). 이런 의미에서 교회는 하늘에 속한 모든 신령한
복인 구원을 받았다(엡 1:3, 7). 이 구원의 복과 비교해서 땅에
속한 복인 부와 명예와 성공은 배설물에 불과한 것이다. 그
러므로 우리는 이 땅에서 인생의 꿈을 이루고 삶의 문제를 해
결 받기 위해 향방 없는 싸움인 허무한 몸부림을 칠 것이 아
니라, 의와 경건과 믿음과 사랑과 인내와 온유로 나타나는 성
령의 열매를 결실하기 위해 죄와 피 흘리기까지 싸워야 한다
(히 12:4). 바로 이 싸움이 성령의 소욕으로 육체의 소욕을 물리
치고 성령이 지배하는 심령의 지경을 넓히기 위한 성화의 과
정이다. 따라서 우리가 넓혀야 하는 지경은 가난과 실패를 물

리치고 차지하는 육적 삶의 부요와 성공의 지경이 아니라, 육체의 소욕으로 상징된 죄악의 세력을 물리치고 성령이 지배하는 거룩한 심령의 지경이다. 바로 이 심령의 지경이 신약적 의미의 가나안이며 우리가 소유한 약속의 유업인 하나님의 나라, 곧 천국이다. 우리는 의와 경건과 믿음과 사랑과 인내와 온유를 이루는 믿음의 선한 싸움을 통해 영생에 이른다(딤전 6:11~12). 이 영생은 생명의 지경이다.

사도 바울은 사랑의 지경과 관련해서 사랑의 선행과 참된 생명의 터가 가지는 상관관계에 대해 다음과 같이 말하고 있다.

> "선을 행하고 선한 사업을 많이 하고 나누어 주기를 좋아하며 너그러운 자가 되게 하라 이것이 장래에 자기를 위하여 좋은 터를 쌓아 참된 생명을 취하는 것이니라"(딤전 6:18~19)

선행을 행하는 신앙인에게는 "좋은 터" 곧 지경의 축복이 약속되어 있다. 그러나 이 지경의 축복은 이 땅의 부동산이 아니라 참된 생명의 터, 곧 생명의 지경이다. 그러므로 우리가 넓혀야 하는 지경은 물질 축복을 통한 부동산의 지경이 아니라 사랑의 선행을 통한 생명의 지경이다.

　예수 그리스도의 사랑을 많이 실천하는 자는 생명의 터, 즉 생명의 지경을 넓히는 것이다. 그러므로 야베스가 기도한 지경을 부동산 평수로 왜곡하지 말고, 사랑의 지경으로 승화시켜 사랑의 선행을 통해 천국의 지경, 생명의 지경을 넉넉하게 쟁취해야 한다. 힘써 영생을 이루어 가야 한다(딤전 6:12). 곧 하나님의 나라에 넉넉히 들어갈 수 있도록 열매 맺기를 힘써야 한다.

> "그러므로 너희가 더욱 힘써 너희 믿음에 덕을, 덕에 지식을, 지식에 절제를, 절제에 인내를, 인내에 경건을, 경건에 형제 우애를, 형제 우애에 사랑을 더하라 이런 것이 너희에게 있어 흡족한즉 너희로 우리 주 예수 그리스도를 알기에 게으르지 않고 열매 없는 자가 되지 않게 하려니와 이런 것이 없는 자는 맹인이라 멀리 보지 못하고 그의 옛 죄가 깨끗하게 된 것을 잊었느니라 그러므로 형제들아 더욱 힘써 너희 부르심과 택하심을 굳게 하라 너희가 이것을 행한즉 언제든지 실족하지 아니하리라 이같이 하면 우리 주 곧 구주 예수 그리스도의 영원한 나라에 들어감을 넉넉히 너희에게 주시리라"(벧후 1:5~11)

지금 우리에게 절박한 신앙의 삶은 인생의 꿈을 이루고 부와 성공을 소유하는 것이 아니라 육체의 소욕을 본 삼지 말고 성령의 소욕대로 정욕과 탐심을 십자가에 못 박고 성령으로 살고 성령으로 행하는 삶 곧 성령의 열매 맺는 삶이다(갈 5:16~25; 딤전 6:11~12; 벧후 1:4~11; 엡 5:8~11). 따라서 우리는 인생의 꿈을 이루고 부와 성공을 소유하기 위해 기도할 것이 아니라 다시 오시는 그분 앞에 흠도 점도 없이 평강 가운데 나타나기 위해(벧후 3:14) 성령의 능력을 구하고 찾고 두드리는 기도를 해야 한다(눅 11:9~13).

야베스가 하나님의 약속을 의지해서 믿음으로 기도했던 지경은 부동산 평수가 아니다. 아파트 평수가 아니다. 경제적 풍요가 아니다. 그가 구했던 지경은 하나님께서 그들의 조상 아브라함 때로부터 약속하신 기업의 땅 가나안이었다. 이 땅의 지경을 넓히기 위해 야베스는 가나안을 차지하고 있던 원수의 군대와 피 흘리기까지 싸웠다. 약속의 땅 가나안은 천국, 곧 하나님의 나라를 예표한다. 따라서 지경을 넓혀 주시기를 기도했던 야베스의 기도는 오늘날 우리의 삶 속에서 원수인 죄와 피 흘리기까지 싸우며(히 12:4) 그리스도의 형상(빌 2:12)을 이루고 신의 성품(벧후 1:4)에 참여하기 위해 성령의 열매 맺기를 구하고 찾고 두드리는 기도로 승화되어야 한다.

이사야 선지자는 이 땅에 메시아가 오시는 날, 이스라엘 백성이 광대한 땅을 목도하게 될 것이라고 노래했다.

"네 눈은 왕을 그의 아름다운 가운데에서 보며 광활한 땅
  을 눈으로 보겠고"(사 33:17)

여기서 왕은 이스라엘 백성이 고대했던 메시아이다. 절망 중에 있던 이스라엘 백성은 영광스러운 왕이신 메시아가 그들을 구원하는 날, 그분 안에서 광활한 땅을 목도하게 될 것을 기대했다. 그래서 이 말씀을 육적인 시각에서 해석했던 이스라엘 백성은 그들이 고대하던 장엄한 왕 메시아가 이 땅에 오시면 이방의 군대를 섬멸하시고, 이스라엘 백성에게 바벨론 제국보다도, 헬라 제국보다도, 로마 제국보다도 더 큰 영토를 차지하게 해 주시고, 전쟁 승리의 전리품을 분배해 주시고, 예루살렘 성읍보다도 더 크고 견고한 성읍을 건설하게 해 주실 것으로 믿었다. 그들은 전쟁의 메시아를 기다렸고, 그 메시아가 이 땅에 오셔서 이스라엘 나라를 유일의 초강대국으로 만드셔서 모든 족속을 굴복시킬 것으로 고대했다. 그러나 약속의 메시아가 그들에게 가져오셨던 광대한 땅은 이 땅의 보이는 영토가 아니라 이 땅에 속하지 않은 보이지 않는

하나님 나라의 영토였다. 구약 이스라엘 백성이 소망했던 광활한 땅은 보이지 않는 하나님의 나라, 곧 천국으로 임했다(막 1:15; 눅 17:20~21; 요 18:36).

사도 바울은 하나님의 나라를 성령 안에서 의와 평강과 희락이라고 했다(롬 14:17). 의와 평강과 희락은 성령의 아홉 가지 열매 맺는 삶으로 성취된다. 그러므로 예수 그리스도의 초림과 함께 이 땅에 임했던 하나님의 나라는 돈 많이 벌고 성공한 삶을 통해서 소유하는 것이 아니라 성령의 열매 맺는 삶을 통해서 소유하게 된다. 따라서 많이 사랑할수록 그 사랑을 통해 끝이 없는 사랑의 나라인 하나님 나라의 영토를 목도하게 된다. 많이 기뻐하고 즐거워할수록 희락의 나라인 하나님 나라는 나와 이웃의 마음속에서 끝이 없는 지경으로 확대되어 간다. 화평하게 하는 자는 자기와 이웃의 마음속에서 끝이 없는 화평의 나라인 하나님 나라의 영토를 얻게 된다. 오래 참고 인내할수록 하나님 나라는 나와 이웃의 마음속에서 그 지경을 끝없이 넓히게 된다. 자비한 사람은 그 자비를 통해 모든 영토의 족속을 하나님 나라 안으로 데려올 수 있다. 또한 선을 행할수록 하나님 나라는 모든 족속을 향해 끝없이 광대한 땅으로 확장되어 간다. 충성하는 자는 그 충성의 결과로 하나님 나라 천국의 끝없이 지경을 넓히게 된다. 온유한 자는 자기 마음속에서 끝없이 그 지경이 넓혀지는 광대한 하나님의 나라를 소유하게 된다. 절제할수록 하나님 나라는 내 마음속에서 끝없는 지경으로 확대되어 나의 모든 시간과 나의 모든 환경이 하나님 나라로 바뀌게 된다. 이처럼 하나님의 나라는 성령의 열매 맺는 삶을 통해 광대한 땅으로 확장되어 간다. 그 광대한 땅을 성령의 열매 맺는 삶을 통해 소유할 수 있고, 성령의 열매를 통해 맛볼 수 있고, 성령의 열매 맺는 아름다운 삶을 통해 나와 이웃 속에 임한 광대한 하나님 나라의 영토를 거닐어 볼 수 있으며, 성령의 열매 맺는 삶을 통해 모든 족속을 하나님의 나라로 돌아오게 함으로 하나님 나라의 지경을 광대하게 확장시키게 된다. 따라서 지경을 넓혀 주시기를 간구했던 야베스의 기도를 내 아파트 평수 넓혀 주시기를, 내 사업 영역 확장시켜 주시기를 구하는 이방인들의 기도로 전락시켜서는 안 된다.

야베스가 넓혀 주시기를 구했던 지경은 기업의 땅 가나안이었고, 기업의 땅 가나안은 천국을 예표하고, 천국은 곧 영생이다. 그러므로 영생을 견고하게 하기 위해 더욱 의로워지기를 기도하고, 더욱 경건해지기를 기도하고, 더욱 믿음의 사람이 되기를 기도하고, 더욱 사랑하는 사람이 되기를 기도하고, 더욱 인내하기를 기도하고, 더욱 온유하기를 기도하는 것이(딤전 6:11~12) 지경을 넓혀 주시기를 구했던 야베스의 기도가 오늘 교회에게 교훈하는 참된 의미이다.

오늘날 평강 타령하는 많은 목회자가 야베스 기도의 본질을 알지 못한 채 하나님의 말씀을 가감해서 예수 그리스도 안에 감춰진 영원한 생명 나무의 자리에 썩고 사라질 이 땅의 일시적 축복들을 꿈이라는 이름의 나무로 심어 놓았다. 그 나무가 바로 선악을 알게 하는 나무이고, 미혹 받은 어리석은 하와의 후손은 그 탐스러운 열매에 매료되어 그 열매 먹기를 갈망한다. 그 열매를 먹으면 정녕히 죽을 것인데, 그럼에도 결단코 죽지 않는다는 미혹에 빠져 부와 성공과 그것들이 가져다줄 영향력의 꿈을 디자인한다. 지금 사탄은 교회 안에서 천하만국의 영광을 가지고 인생의 꿈을 먹고 있는 자들에게마저도 종국에는 다시 목마를 오염된 물을 마시게 하고 있다.

하나님의 영인 성령께서 당신의 종들을 통해서 하나님의 음성을 대언하게 하듯이 사탄의 영인 악령 또한 자기의 하수인인 거짓 선지자들을 통해 하나님의 말씀을 변개시킨다. 그러므로 목회자의 배후에 성령이 역사하는가 악령이 역사하는가는 그 목회자의 입에서 나오는 설교를 들어보면 알 수 있다. 가감 없이 하나님의 말씀을 전하는 목회자의 설교는 그 배후에 성령이 역사하시지만 하나님의 말씀을 가감한 목회자의 설교는 그 배후에 악령이 역사한 것이다.

미가 선지자는 하나님의 신을 덧입고 야곱의 허물과 이스라엘의 죄를 고한다고 자신의 사역과 앞으로 이 땅에 오실 예수 그리스도의 사역을 예언했다.

"오직 나는 여호와의 영으로 말미암아 능력과 정의와 용기
로 충만해져서 야곱의 허물과 이스라엘의 죄를 그들에게
보이리라"(미 3:8)

종말로 목회자가, 성령이 교회들에게 하시는 말씀을(계 2:7, 11, 17, 29; 3:6, 13, 22) 통해 교회 세대의 허물과 죄악을 책망하지 않고 성경에도 없는 꿈과 긍정과 해결과 응답이라는 세속적인 용어를 하나님의 말씀에 첨가해서 설교하는 것은 그가 곧 성령을 덧입은 목회자가 아니라 미혹의 영인 악령을 덧입은 목회자라는 증거이다. 그러나 미혹의 영인 악령의 역사는 광명의 천사(고후 11:14)로 가장하는 법이어서 양의 옷을 입고 주인의 음성을 가장해서 나아오기 때문에 그들의 가르침이 너무나 하나님의 말씀 같고 그들이 행하는 기사와 이적이 너무나 성령의 역사 같아 보인다. 그래서 그들이 일으키는 기적의 역사가 하늘에서 끌어 내린 불의 역사 같아 보이는 것이다(계

13:13). 그러나 그들의 가르침은 하나님의 말씀이 아니라 사람의 계명(사 29:13)이다. 그들의 가르침은 단지 "주여! 주여!"하는 사생자들을 대량으로 생산해 낼 뿐이다(호 5:7). 그러므로 그들이 일으키는 기적의 역사 또한 그들이 설파하는 사람의 계명을 마치 하나님의 말씀으로 믿게 하기 위한 미혹의 도구에 불과한 것이다. 하나님이 원하시는 사람은 입으로 하나님을 가까이하고 입술로 하나님을 공경하고 경외하는 사람이 아니라 하나님과 마음으로 동행(사 29:13)하며 의의 선한 열매(빌 1:11; 골 1:10)를 맺는 사람이다.

# 13. 태산보다 크고 무거운 짐이
## 과연 인생 문제일까?

오늘날 교회 안에는 기도 만능주의가 팽배해 있다. 그 결과 목회자들은 교인을 향해 축복기도 하는 것을 대단한 특권으로 생각하고 또한 기도를 받는 교인들은 목회자로부터 그와 같은 축복기도를 받으면서 자신들의 삶을 짓누르는 많은 인생 문제가 소멸하는 것 같은 시원함을 만끽한다.

기도 만능주의에 함몰된 세속화한 교회가 가장 열광하는 기도와 관련한 주님의 교훈이 바로 믿음으로 명하면 산을 바다에 빠뜨릴 수 있다는 말씀이다.

"예수께서 대답하여 이르시되 내가 진실로 너희에게 이르노니 만일 너희가 믿음이 있고 의심하지 아니하면 이 무화과나무에게 된 이런 일만 할 뿐 아니라 이 산더러 들려

바다에 던져지라 하여도 될 것이요 너희가 기도할 때에
무엇이든지 믿고 구하는 것은 다 받으리라 하시니라"(마
21:21~22)

"내가 진실로 너희에게 이르노니 누구든지 이 산더러 들리
어 바다에 던져지라 하며 그 말하는 것이 이루어질 줄 믿
고 마음에 의심하지 아니하면 그대로 되리라"(막 11:23)

그렇다. 믿음의 기도는 산조차도 바다에 빠뜨릴 수가 있
다. 그러면 우리가 믿음으로 바다에 빠뜨릴 수 있는 산은 무
엇인가?
마태복음 11장 28~30의 말씀을 보면, 주님께서는 우리가
당신의 멍에를 매고 해결해야 할 짐이 있으며, 당신에게 배워
서 해결해야 할 짐이 있다고 하셨다.

"수고하고 무거운 짐 진 자들아 다 내게로 오라 내가 너희
를 쉬게 하리라 나는 마음이 온유하고 겸손하니 나의 멍에
를 매고 내게 배우라 그리하면 너희 마음이 쉼을 얻으리
니 이는 내 멍에는 쉽고 내 짐은 가벼움이라 하시니라"(마
11:28~30)

여기서 주님의 멍에를 메고 해결해야 할 짐, 그리고 주님에게 배워서 해결해야 할 짐은 어떤 짐이겠는가? 주님께서는 이 무거운 짐의 문제가 해결되어야 당신이 준비하신 쉼, 즉 안식을 우리가 소유할 수 있다고 하셨다. 결국, 주님께서만 우리의 짐을 해결해 주실 수 있기 때문에  우리는 당신에게 와서 멍에를 메고 배워야 한다.

세례요한은 주님을 증언하면서 물질의 짐, 사업의 짐, 자녀의 짐, 인생 문제의 짐을 지고 가시는 어린 양이 아니라, '세상 죄'를 지고 가시는 '하나님의 어린 양'이라고 했다.

> "이튿날 요한이 예수께서 자기에게 나아오심을 보고 이르되 보라 세상 죄를 지고 가는 하나님의 어린 양이로다"(요 1:29)

주님께서 우리를 대신해서 지시는 무거운 짐은 인생 문제의 짐이 아니라 '죄의 짐'이다. 이 죄의 짐은 예수님께서 우리 대신 져 주시지 않으면 도저히 해결할 수 없는 너무나 크고 무거운 짐이다. 죄의 짐이 얼마나 감당하기 힘든가 하는 것을 다윗의 절망적 탄식에서 알 수 있다.

"내 죄악이 내 머리에 넘쳐서 무거운 짐 같으니 내가 감당

할 수 없나이다"(시 38:4)


다윗의 탄식이야말로 먼 훗날 사도 바울이 로마서에서 죄
의 짐을 탄식하며 "오호라 누가 나를 이 사망의 몸에서 건져
내랴"고 부르짖었던 절규와 일맥상통한다.


"그러므로 내가 한 법을 깨달았노니 곧 선을 행하기 원하

는 나에게 악이 함께 있는 것이로다 내 속사람으로는 하나

님의 법을 즐거워하되 내 지체 속에서 한 다른 법이 내 마

음의 법과 싸워 내 지체 속에 있는 죄의 법으로 나를 사로

잡는 것을 보는도다 오호라 나는 곤고한 사람이로다 이 사

망의 몸에서 누가 나를 건져내랴"(롬 7:21~24)


사도 바울은 우리가 짐 진 것같이 탄식한다고 했다(고후
5:4). 그를 힘들게 하고 탄식하게 한 짐은 가난과 실패의 짐이
아니라, 바로 죄의 짐이다. 그는 예수 그리스도로 말미암아
죄의 짐을 벗은 기쁨, 죄의 짐을 벗은 자유, 죄의 짐을 벗은 감
사, 죄의 짐을 벗은 평안을 누렸던 사람이다.

"그러므로 이제 그리스도 예수 안에 있는 자에게는 결코 정죄함이 없나니 이는 그리스도 예수 안에 있는 생명의 성령의 법이 죄와 사망의 법에서 너를 해방하였음이라 율법이 육신으로 말미암아 연약하여 할 수 없는 그것을 하나님은 하시나니 곧 죄로 말미암아 자기 아들을 죄 있는 육신의 모양으로 보내어 육신에 죄를 정하사 육신을 따르지 않고 그 영을 따라 행하는 우리에게 율법의 요구가 이루어지게 하려 하심이니라"(롬 8:1~4)

사도 바울이 누렸던 구원의 삶이 바로 성령 안에서 의와 평강과 희락이다(롬 14:17). 그가 성령 안에서 누렸던 의와 평강과 희락의 삶이 바로 주님께서 우리를 위해서 예비하신 안식이고 쉼이다.

여기서 우리는 사도 바울 소유한 예수 그리스도 안에서의 삶, 성령 안에서의 삶이 어떤 삶인가 하는 것을 잠시 짚고 넘어가야 한다. 그럴 때, 그의 구원론을 오해하거나 왜곡하지 않게 된다. 지금 우리는 사도 바울의 구원론을 예수를 믿기만 믿으면 천당 가는 것으로 오해하고 왜곡한다.

오늘 우리는 그리스도 안에서의 삶, 성령 안에서의 삶을 교회에 출석하고 "주여! 주여!"하며 믿고 꿈꾸고, 믿고 말하고, 믿고 확신하는 것으로 이해하고 있다. 그러나 사도 바울은 분명히 구원받은 예수 그리스도 안에서의 삶, 구원받은 성령 안에서의 삶을 "주여! 주여!"하며 교회에 출석하는 삶, 그리고 인생 문제의 해결과 응답을 꿈꾸고 말하고 확신하는 삶으로 결단코 말하지 않았다.

사도 바울이 말한 예수 그리스도 안에서의 구원받은 삶, 성령 안에서의 구원받은 삶은 다시는 죄짓지 않는 거룩한 삶이다.

"그런즉 우리가 무슨 말을 하리요 은혜를 더하게 하려고 죄에 거하겠느냐 그럴 수 없느니라 죄에 대하여 죽은 우리가 어찌 그 가운데 더 살리요"(롬 6:1~2)

"그러므로 너희는 죄가 너희 죽을 몸을 지배하지 못하게 하여 몸의 사욕에 순종하지 말고 또한 너희 지체를 불의의 무기로 죄에게 내주지 말고 오직 너희 자신을 죽은 자 가운데서 다시 살아난 자 같이 하나님께 드리며 너희 지체를 의의 무기로 하나님께 드리라 죄가 너희를 주장하지 못하리니 이는 너희가 법 아래에 있지 아니하고 은혜 아래에 있음이라 그런즉 어찌하리요 우리가 법 아래에 있지 아

니하고 은혜 아래에 있으니 죄를 지으리요 그럴 수 없느니
라"(롬 8:12~15)

사도 바울은 이 목적을 이루는 삶을 향해 정욕과 탐심
을 십자가에 못 박으며 날마다 죽었던 사람이다(갈 5:24; 고전
15:31). 그리고 그 죽음의 삶 속에서 예수 그리스도로 말미암
는 생명의 삶, 성령으로 말미암는 생명의 삶을 통해 예수 그
리스도의 형상에 이르러 가는 위대한 평안과 자유와 소망을
누렸던 사람이다. 결국, 그가 누렸던 삶, 그가 소유하고자 했
던 삶은 성화의 삶이었으며, 이 성화의 삶을 통해 종국에 그
가 이루고자 했던 최후의 삶은 주님의 영광의 형상이고 영생
이었다(갈 4:19; 딤전 6:11~12).

세례요한이 이해했던 무거운 짐, 사도 바울이 탄식했던 짐
은 인생 문제가 아니라 죄의 문제이다. 결국 주님께서 우리를
위해 예비하신 쉼, 곧 안식은 죄의 문제를 해결 받고 새 생명
안에서 하나님의 말씀대로 행하며 성령의 열매를 결실하는
기쁨과 풍요와 감사의 삶이다.

오늘 우리는 이 기쁨과 풍요와 감사를 목적으로 신앙하지
않는다. 그것은 이미 신앙을 시작하면서부터 사도 바울처럼
"오호라 나는 곤고한 사람이로다 누가 이 사망의 몸에서 나를

건져내랴!"하며 죄의 문제로 탄식하는 것이 아니라, "오호라 나는 꿈이 없는 사람이로다! 누가 나를 이 가난의 삶에서 건져내랴! 누가 나를 이 실패의 삶에서 건져내랴!"하며 탄식하는 것을 배웠기 때문이다.

주님께서는 우리가 지기에 곤비한 죄의 짐이 얼마나 감당하기 어려운 짐인가 하는 것을 수치로 환산해 주셨는데, 그 무게는 일만 달란트이다.

"천국은 그 종들과 결산하려 하던 어떤 임금과 같으니 결산할 때에 만 달란트 빚진 자 하나를 데려오매 갚을 것이 없는지라 주인이 명하여 그 몸과 아내와 자식들과 모든 소유를 다 팔아 갚게 하라 하니 그 종이 엎드려 절하며 이르되 내게 참으소서 다 갚으리이다 하거늘 그 종의 주인이 불쌍히 여겨 놓아 보내며 그 빚을 탕감하여 주었더니"(마 18:23~27)

인생을 살아가면서 가장 감당하기 어려운 무거운 짐 중의 하나가 바로 부채의 짐이다. 주님께서는 죄의 짐이 얼마나 무거운 짐인지를 이해시키시려고 이처럼 일만 달란트의 부채에 비유하셔서 우리가 이해할 수 있는 수치로 죄의 짐을 환산해 주셨다.

당시 노동자 하루 품삯은 한 데나리온이다. 한 데나리온을 기준으로 계산하면 일만 달란트는 장정 한 사람이 약 20만 년을 일해야 갚을 수 있는 부채이다. 이보다 더 큰 짐이 어디 있겠으며, 이보다 더 큰 고통이 어디 있겠으며, 이보다 더 큰 인생 문제가 어디 있겠는가? 꼬박 10년을 일해서 한 푼도 쓰지 않고 모든 수입을 채무 상환에 사용해야 갚을 수 있는 부채도 어마어마한 인생 문제일 것인데, 20만 년의 모든 노임을 채무 상환에 사용해야 할 일만 달란트의 부채는 어떤 죄인도 절대로 갚을 수 없는 큰 산보다도 더 큰 인생 문제이다. 이처럼 죄의 짐은 어떤 인생도 절대로 스스로 해결할 수 없는 가장 큰 절망적 인생 문제이다. 이 죄의 부채를 예수님께서는 당신의 십자가 대속 사역으로 값없이 면제해 주셨다.

믿음으로 해결 받아야 하는 가장 큰 인생 문제는, 믿음으로 벗어던져야 하는 가장 큰 인생의 '짐'은 바로 '죄'이다. 그러므로 믿음으로 바다에 던질 수 있는 '큰 산'은 인생 문제를 상징하는 것이 아니라, 죄를 상징한다.

믿음으로만 단번에 저 큰 산을 바다에 던질 수 있다. 믿음으로만 가장 큰 인생 문제를 해결 받을 수 있다. 믿음으로만 가장 큰 인생의 짐을 벗어 던질 수 있다. 그러므로 죄인은 믿음으로만 단번에 의롭게 된다. 이처럼 믿음으로 해결 받아야 하는 가장 큰 인생 문제가 태산보다 큰 죄, 태산보다 무거운 짐인 '죄'이기 때문에 주님께서는 제자들에게 성령의 능력을 통해 행할 수 있는 가장 큰 권세가 죄의 문제를 해결하는 것이라고 하셨던 것이다.

> "이 말씀을 하시고 그들을 향하사 숨을 내쉬며 이르시되 성령을 받으라 너희가 누구의 죄든지 사하면 사하여질 것이요 누구의 죄든지 그대로 두면 그대로 있으리라 하시니라"(요 20:22~23)

그렇다. 교회가 성령의 능력으로 행할 수 있는 가장 큰 권세는 태산보다 무거운 죄의 문제를 해결하고 죄의 짐을 던져 버리는 '죄 사함'의 권세이다.

교회는 주님께서 명령하시고 약속하신 대로 성령을 받아서 누구의 죄든지 사할 수 있다. 믿음으로 우리는 태산보다 무거운 죄의 속박으로부터 단번에 자유로워져서 의로 칭함을 받았다. 그리고 나아가서 누구의 죄든지 사할 수 있는 성령의 권세를 받았다. 그러므로 믿음으로 해결 받고, 성령으로 응답받아야 하는 가장 큰 인생 문제는 막힌 물권을 회복하는 것이 아니다. 막힌 진로를 뚫어내는 것이 아니다. 죄에서 구원을 받는 것이다.

사도 요한은 우리가 주님께서 약속하신 성령을 받아 누구의 죄든지 사할 수 있는 권세를 받았기 때문에 하나님께 믿음으로 응답받을 것을 확신하고 담대함으로 형제의 죄 사함을 위해서 기도하라고 했다.

> "그를 향하여 우리가 가진바 담대함이 이것이니 그의 뜻대로 무엇을 구하면 들으심이라 우리가 무엇이든지 구하는 바를 들으시는 줄을 안즉 우리가 그에게 구한 그것을 얻은 줄을 또한 아느니라 누구든지 형제가 사망에 이르지 아니하는 죄 범하는 것을 보거든 구하라 그리하면 사망에 이르지 아니하는 범죄자들을 위하여 그에게 생명을 주시리라 사망에 이르는 죄가 있으니 이에 관하여 나는 구하라 하지 않노라"(요일 5:14~16)

믿음의 기도는 내 육신의 문제 해결이 아니라, 내 인생 꿈의 응답이 아니라, 형제에게 가장 큰 문제인 죄의 문제를 해결한다. 형제가 해결 받아야 하는 죄 사함이야말로 그 형제가 예수 그리스도 안에서 해결 받아야 하는 태산과도 같은 인생 문제이고 감당하기 힘들 정도로 무거운 인생의 짐이다.

장정이 20만 년을 아무리 삽질해도 눈앞의 앞산 하나도 바다에 던질 수 없건만, 우리는 죄라는 어마어마한 태산을 믿음을 통해 단번에 바다에 던질 수 있음과 같이, 또한 형제의 태산 같은 죄도 바다에 던질 수 있다.

믿음을 통해 해결 받을 문제, 믿음의 기도를 통해 응답받을 문제는 죄의 문제이고, 이 죄의 문제를 해결 받고 우리는 가장 큰 약속의 지복인 구원에 이르게 된다. 가장 큰 기적의 복은 바로 죄인이 의롭게 되어 하나님의 영원한 약속의 생명에 이르는 것이다.

오늘 우리는 죄의 문제를 태산 같은 짐으로 생각하지 않고 가난과 실패를 태산 같은 짐이라고 생각한다. 사정이 이렇다 보니 교회 안에 우후죽순처럼 돋아난 쑥의 뿌리와 같은 거짓 교사들은 이 땅에서의 부와 성공을 하나님께서 약속하신 복으로 이해하는 어리석은 탐욕의 교인들을 불러 모아 놓고 그들에게 대물림된 가난의 저주를 끊어 준다며 예수 그리스도의 이름으로 만복을 마음껏 축복해 주며 여기저기 광야와 골방에까지 설치고 돌아다닌다. 그 옛날 서기관들과 바리새인들이 바다와 육지를 두루 다니며 교인 하나를 얻어서는 배나 지옥 자식 만들었던 것처럼.

"화 있을진저 외식하는 서기관들과 바리새인들이여 너희
는 교인 한 사람을 얻기 위하여 바다와 육지를 두루 다니
다가 생기면 너희보다 배나 더 지옥 자식이 되게 하는도
다"(마 23:15)

거짓 선지자들은 예배 시간마다 거룩하게 하나님의 단에
올라 마음껏 만복 타령하는 것도 모자라서 심방이랍시고 집
집이 다니며 준비된 요리와 다과를 배부르게 먹고서는 "태산
같은 자녀 문제, 태산 같은 진로 문제, 태산 같은 물질 문제,
태산 같은 사업 문제, 태산 같은 승진 문제, 태산 같은 진학 문
제는 해결 받을지어다!"라며 무적의 기도 권세(?)를 시도 때
도 없이 남발하고 다닌다. 그러나 해결 받아야 하는 가장 큰
인생 문제는 죄이다.

하나님의 말씀대로 살지 않는 것이 죄이다. 아담과 하와는
선악과를 먹지 말라는 하나님의 명령을 지켜 행하지 않아서
죄인이 되었다. 그러므로 주님께서 교회를 향해 자기를 부인
하는 십자가를 지라고 명령하셨는데, 우리가 십자가의 제자
도(눅 14:26~27, 33)를 행하지 않는다면 바로 그것이 하나님의 말
씀에 불순종하는 죄를 범하는 것이다. 그러므로 믿음으로 단
번에 태산 같은 죄의 문제를 해결 받은 우리는 다시는 하나님

의 말씀에 불순종하는 죄를 범하지 않기 위해 정과 욕심을 십자가에 못 박고 성령으로 살고 성령으로 행해야 한다.

> "그리스도 예수의 사람들은 육체와 함께 그 정욕과 탐심을
> 십자가에 못 박았느니라 만일 우리가 성령으로 살면 또한
> 성령으로 행할지니"(갈 5:24~25)

진정한 믿음의 기도는 이 땅의 인생 문제를 해결 받기 위한 절규가 아니라, 하나님의 말씀대로 순종하기를 열망하는 소원이다. 태산 같은 죄의 짐을 해결 받고 주님 안에서 약속된 쉼, 곧 안식을 누리기 위해서는 말씀대로 살고, 말씀에 순종하고, 말씀을 따라 행해야 한다. 바로 이 삶이 주님의 멍에를 메고 주님에게서 배우는 삶이다. 그러므로 우리는 하나님의 말씀에 순종하기 위해 힘써 성령의 능력을 구하고 찾고 두드려야 한다(눅 11:9~11). 바로 이것이 하나님의 나라와 의를 구하는 기도이다.

주님께서 바다에 던질 수 있다고 말씀하신 바로 그 산은 물질 문제, 자녀 문제, 사업 문제, 진로 문제가 아니라 죄의 문제이다. 그러므로 우리는 죄의 문제를 해결 받기 위해 믿음으로 기도해야 한다. 이는 곧 우리가 하나님의 말씀을 지켜 행

하는 온전한 믿음의 삶을 살기 위해 기도함을 의미한다.

믿음으로 구원받은 우리는 하나님의 말씀대로 지켜 행하는 삶을 통해 우리 가운데서 하나님의 말씀에 불순종하는 죄악된 삶이 저 멀리 바다에 던져지는 기적을 체험한다. 이 기적 체험을 위해서 우리는 성령 안에서 하나님의 말씀에 순종하는 풍성하게 열매 맺는 삶을 구하고 찾고 두드려야 한다(눅 11:9~11).

## 14. 무엇이든지 믿고 기도하면
## 다 받는다는 것

　설교는 설교가 제시하는 목적에 따라 두 가지로 나누어 볼수 있다. 인생의 목적을 제시하고 그 목적을 이루기 위해서 무엇을 어떻게 해야 하는가를 가르치는 설교와 영생의 목적을 제시하고 생명을 얻기 위해서 무엇을 어떻게 해야 하는가를 가르치는 설교이다. 전자는 인생의 목적이 '하나님의 나라와 의'가 아니라 흔히 우리가 마음속에서 그려보는 '꿈과 비전'이다. 지금 교회는 인생의 목적과 관련해서 꿈을 주제로 하는 설교와 축복 응답과 문제 해결을 주제로 하는 설교들을 수도 없이 듣고 있다.

　인생의 목적을 제시하는 설교자들은 하나님의 나라와 영광을 위한다는 명목으로 포장된 인생의 소원들을 이루는 기도법에 항상 강조점을 두고서, 기도하면 하나님이 응답해 주시고 해결해 주신다며 부드러운 말투나 박력 있는 어투로 청중을 위로한다. 그들은 교회가 회개하고 순종하면 하나님의 무조건적인 '함께하심'을 통해 응답받고 해결 받는 인생을 살게 된다고 장담한다. 그러므로 그들의 가르침을 듣고 나면, 남들보다 새벽기도 열심히 나가고, 남들보다 철야기도 한 번 더 나오고, 남들보다 한 시간 기도 더 하면 복 받을 것 같고, 왕의 자녀 된 권세를 소유할 것 같다. 나아가서 이와 같은 가르침에 인이 박인 사람들은 남들보다 새벽기도, 철야기도 열심히 참여하고, 기도 한 시간 더 하는 것을 신앙의 의로 여긴다. 마치 그 옛날 서기관들과 바리새인들이 일주일에 두 번 금식기도 하는 것을 자신들만이 가진 탁월한 신앙의 의로 여겼듯이. 그러나 주님께서는 이러한 의를 높이 평가하신 것이 아니라 주님의 말씀을 듣고 부모와 처자와 소유를 떠날 수 있었던 제자들이 가진 버림의 신앙을 더 높이 평가하셨다.

서기관들과 바리새인들은 이 세상 누구보다도 철저한 십일조 생활을 했고, 이 세상 누구보다도 성경을 많이 통독하고 암송했고, 이 세상 누구보다도 기도를 열심히 했고, 금식기도도 많이 했던 사람들이다. 그들은 철저하게 안식일을 준수하며, 일주일에 두 번씩 민족의 죄를 회개한다는 거룩한 명분으로 피나는 절제로 금식을 했다. 이에 반해 예수 그리스도의 열두 제자는 오늘 우리가 점수 매기는 신앙의 모양이나 덕목은 소유하지 못했지만 생명과 천국을 위해 모든 것을 버릴 수 있는 탁월한 '비움'을 실천할 수 있는 사람들이었다.

주님께서는 이 땅에 오셔서 '교회의 터'가 되는 당신의 제자들을 부르실 때, 금식기도를 잘하는 사람 순서로 부르지 않으셨다. 새벽기도를 잘 드리는 사람 순서로 부르지 않으셨다. 철야기도 많이 하는 사람 순서로 부르지 않으셨다. 대표기도를 유창하게 하는 사람 순서로 부르지 않으셨다. 주님께서는 오직 당신을 위해 모든 것을 버릴 수 있는 헌신을 가진 사람을 부르셨다. 그러므로 부자 청년은 제자가 되기를 간청했지만 바로 이 기준 앞에서 쓸쓸히 자기 길로 돌아갈 수밖에 없었다(마 19:16~24).

오늘날 교회 안에서 복술 신앙을 매매하는 목회자들은 항상 기도법에 치중해서 교인들에게 경건 훈련도 시키고 신앙 훈련도 시킨다. 그러면서 항상 "기도할 수 있는데 힘내세요!"라며 속삭인다. 그러나 교회가 가장 먼저 배워야 하는 것은 하나님 안에 감추어진 영생이라는 하나의 보화를 차지하기 위해 자기 부인이라는 십자가를 지고 자신의 모든 소유를 하나님을 위해 포기할 수 있는 버림의 능력이다. 그러므로 초대교회는 성령을 받고서 가장 먼저 자신들의 모든 소유를 가난한 형제 교우들을 위해서 사용하라고 사도들의 발 앞에 둘 수 있었다(행 4:32~35).

오늘 교회는 성령 받았다 하면서 인생 미래의 꿈을 디자인한다. 그 꿈과 관련해서 주님의 음성을 들었다고 한다. 그리고 긍정의 힘을 믿는다. 긍정의 입술로 시인하고 기도한다. 이들이 기껏해야 자랑할 수 있는 신앙의 의는 남들보다 새벽기도 한 번 더 하고, 남들보다 철야기도 한 번 더 나오고, 기도 한 시간 더 한 것이다. 이러한 의는 서기관들과 바리새인들보다 못한 의다. 이런 신앙인들에게는 잘살고 잘되고 싶은 욕망을 못 박는 삶의 십자가가 없으며 자기 것을 자기 것이라 하지 않는 버림의 십자가가 없다. 설사 버림의 십자가가 있더라도 그것은 미래의 잘될 인생을 위한 배팅에 불과하다. 그러면서 말로는 세상 모든 십자가를 주를 위해서 진다고 자부하며 나발을 불고 다닌다. 자신만은 가장 하나님을 위해서 살고 있는 그럴듯한 신앙인이라는 착각 속에 살아간다.

미래의 인생 꿈은 디자인하지 않아도 된다. 자신이 미래에 어떤 사람이 될 것이라는 주님의 음성은 듣지 않아도 된다. 죽어야 한다. 버려야 한다. 그것은 죽지 않으면 하나님과 함께 있을 수 없고(요 12:24~26) 소유를 버리지 않으면 주님의 제자가 될 수 없기 때문이다(눅 14:25~27, 33). 하나님을 신앙한다는 것은 죄를, 정욕과 탐심을 죽이고 버리는 일이다.

예루살렘에 입성하시던 주님께서는 열매 없는 잎사귀만 무성한 무화과나무를 저주하셨다. "이제부터 영원토록 사람이 네게서 열매를 따 먹지 못하리라." 이튿날 그 무화과나무는 뿌리로부터 말라 있었다. 이를 보고 놀라워하는 베드로에게 주님께서는 베드로의 의문과는 너무나 동떨어진 기도의 교훈을 주셨다.

> "그들이 아침에 지나갈 때에 무화과나무가 뿌리째 마른 것을 보고 베드로가 생각이 나서 여짜오되 랍비여 보소서 저주하신 무화과나무가 말랐나이다 예수께서 그들에게 대답하여 이르시되 하나님을 믿으라 내가 진실로 너희에게 이르노니 누구든지 이 산더러 들리어 바다에 던져지라 하며 그 말하는 것이 이루어질 줄 믿고 마음에 의심하지 아니하면 그대로 되리라 그러므로 내가 너희에게 말하노니 무엇이든지 기도하고 구하는 것은 받은 줄로 믿으라 그리하면 너희에게 그대로 되리라"(막 11:20~24)

오늘 우리는 이 본문의 말씀을 의지해서 인생 만 가지 소원을 주님 앞에 들고나와 "문제의 산아 역경의 산아 가난의 산아 실패의 산아 막힘의 산아 바다에 던져질지어다!"라며 소리쳐 기도한다. 이유는 많은 목회자가 본문 말씀을 그와 같은 인생 문제 용도에 적용해서 무조건 믿고 부르짖어 기도하면 불가능의 문제가 해결되고 불가능의 장벽이 허물어지고 모든 어려움이 사라지고 모든 소원이 응답받는다고 힘주어 설교했기 때문이다.

과연 주님께서 그와 같은 인생 문제의 산을 바다에 던질 수 있는 믿음의 기도를 교육하고자 제자들에게 이 말씀을 주셨던 것인가? 주님의 말씀을 문맥의 흐름을 따라 살펴보면 그와 같은 설교는 명백히 잘못된 해석이고 적용이다. 나아가서 그와 같은 해석과 적용은 하나님의 말씀을 가감한 죄악이다.

주님께서는 소유와 처자를 당신보다 사랑하지 말 것을 말씀하신 후, 모든 소유를 버리기까지 당신을 따를 것을 명령하셨다(눅 14:26~27, 33). 이같이 명령하신 주님께서 십자가에 못 박혀 죽으시기 위해 예루살렘에 입성하시면서 제자들에게 인생 문제를 만났을 때, 믿고 기도하면 만사가 해결되고 만사가 형통해지고 만사가 성취되고 만사가 응답받는다는 기도의 교훈을 가르치려 이 말씀을 하셨겠는가? 결단코 아니다.

그러면 주님께서는 제자들에게 무엇을 기도해서 받으라고

하셨는가? 전날 주님께서는 길을 가시다가 허기를 채우시려고 길 곁에 잎사귀가 무성한 한 그루의 무화과나무를 보시고 열매를 취하시기 위해 다가가셨다. 그러나 그 무화과나무는 잎사귀는 무성했지만 시장하신 주님을 만족하게 해 줄 수 있는 과실이 없었다. 그래서 주님께서는 그 무화과나무를 영원히 저주하셨다.

> "이튿날 그들이 베다니에서 나왔을 때에 예수께서 시장하신지라 멀리서 잎사귀 있는 한 무화과나무를 보시고 혹 그 나무에 무엇이 있을까 하여 가셨더니 가서 보신즉 잎사귀 외에 아무 것도 없더라 이는 무화과의 때가 아님이라 예수께서 나무에게 말씀하여 이르시되 이제부터 영원토록 사람이 네게서 열매를 따 먹지 못하리라 하시니 제자들이 이를 듣더라"(막 11:12~14).

그런데 주님께서 열매를 찾으시기 위해 다가갔던 이 무화과나무는 열매가 없을 수밖에 없었던 이유가 있었다. 무화과나무가 열매를 결실하는 때가 아니었기 때문이었다. 그렇다면 이상한 일이 아닌가? 자기의 때가 아니어서 무화과나무는 주님의 시장기를 채워 줄 열매를 당연히 가지고 있지 않았는

데 왜 주님께서는 그와 같이 당연히 자기의 때가 아니기 때문에 열매가 없는 무화과나무를 그토록 영원히 저주하셨던 것일까?

주님으로부터 열매가 없다고 영원히 저주를 받은 무화과나무는 이튿날 뿌리로부터 말라 있었다. 이를 보고 이상히 여긴 베드로는 주님께 도대체 이것이 어찌 된 영문인가 하며 주님께 무화과나무가 말랐다고 말했던 것이고, 주님께서는 베드로의 의문과는 너무나 상관이 없는 교훈을 주시면서 믿음으로 산을 명하면 그 산이 바다에 던져진다고 하셨다.

무화과나무가 뿌리로부터 마른 사건과 산이 바다에 던져지는 믿음의 능력에 관한 주님의 교훈에서 하나의 공통점을 발견하게 된다. 자기의 때가 아닌 무화과나무는 그 어떤 경우에도 열매를 결실할 수 없다. 그리고 아무리 우리가 소리쳐 명한다고 산을 바다에 통째로 던질 수는 없다. 즉, 무화과나무의 때가 아니기 때문에 무화과나무가 과실을 결실하는 것은 불가능하며, 또한 산이 우리들의 기도로 바다에 던져지는 것도 불가능하다는 사실이다.

그러면 무화과나무가 뿌리로부터 마른 사건과 산이 바다에 던져질 수 있다는 주님의 말씀을 역으로 이해해 보면, 우리가 믿음으로 의심치 않고 기도해서 산을 바다에 던질 수 있다면 당연히 우리가 믿음으로 기도하면 자기의 때가 아닌 무화과나무에도 열매가 결실될 수 있다는 의미가 될 것이다.

지금 주님께서는 제자들에게 믿음의 기도를 통해 인생 문제의 산을 바다에 던지는 기적을 체험하라고 교훈하시는 것이 아니라, 아무리 의의 열매를 결실할 수 없는 죄인이라 할지라도 믿음의 능력을 통해 의와 생명의 열매를 결실할 수 있음을 교훈하시고 있다. 그러므로 주님께서는 제자들에게 믿음의 기도를 통해 문제 해결을 받으라고 명령하시는 것이 아니라, 믿음으로 열매를 결실할 것을, 즉 믿음으로 행할 것을 명령하시고 있다.

무화과나무는 자기의 때가 아니면 결단코 열매를 결실할 수 없다. 마찬가지로 죄인 된 우리는 그 어떤 경우에도 주님께서 원하시는 의와 생명의 열매를 결실할 수 없다. 그러나 주님께서는 당신이 시장하실 때, 즉, 당신이 필요로 하실 때 무화과나무가 자기의 때가 아님에도 그 무화과나무에서 열매를 원하셨다. 이처럼 자기의 때가 아니므로 열매가 없는 무화과나무이지만 그럼에도 주님께서는 당신께서 필요로 하시기 때문에 그 무화과나무에서 열매를 찾으셨다면, 비록 제자들이 연약한 죄인인지라 그 어떤 때에라도 의와 생명의 열매를 결실할 수 없다고 할지라도, 주님께서는 당연히 제자들에게서 당신이 원하시고 필요로 하시는 행함의 열매를 요구하신다. 그러므로 그 어떤 경우에도 "주여! 주여"하는 제자들이 하나님의 뜻을 행하는 열매를 결실하지 못한다면, 반드시 심판받는다.

마가는 이와 같은 주님의 교훈의 의미를 이해했기 때문에 잎만 무성하고 열매가 없어서 주님으로부터 저주를 받은 무화과나무 심판 사건과 산을 바다에 던질 수 있는 믿음의 교훈 사이에 예수님의 성전 정화 사건을 삽입했던 것이다.

> "그들이 예루살렘에 들어가니라 예수께서 성전에 들어가사 성전 안에서 매매하는 자들을 내쫓으시며 돈 바꾸는 자들의 상과 비둘기 파는 자들의 의자를 둘러 엎으시며 아무나 물건을 가지고 성전 안으로 지나다님을 허락하지 아니하시고 이에 가르쳐 이르시되 기록된바 내 집은 만민이 기도하는 집이라 칭함을 받으리라고 하지 아니하였느냐 너희는 강도의 소굴을 만들었도다 하시매 대제사장들과 서기관들이 듣고 예수를 어떻게 죽일까 하고 꾀하니 이는 무리가 다 그의 교훈을 놀랍게 여기므로 그를 두려워함일러라"(막 11:15~18)

주님의 성전 정화 사건은 무화과나무로 상징되는 구약 이스라엘의 심판을 상징한다. 예수님께서는 당신께서 시장하신 때 허기를 면하시기 위해 비록 무화과나무의 때가 아니지만 잎이 무성 했던 길가의 무화과나무에서 열매를 찾으셨듯이, 이스라엘에게서 당신이 원하시는 열매를 구하시고자 당신의 때에 예루살렘을 찾으셨다. 그러나 이미 타락할 대로 타락해서 세속화된 예루살렘은 주님께서 원하시는 그 어떤 신앙의 열매도 드릴 수가 없었다. 결국 그들은 예수 그리스도로 말미암아 시작된 새 하늘과 새 땅, 하나님의 나라, 주님의 몸 된 교회로 추수되어 들어오지 못하고 밖에서 슬피 울며 이를 갈 수밖에 없는 심판을 받았다.

"너희가 아브라함과 이삭과 야곱과 모든 선지자는 하나님 나라에 있고 오직 너희는 밖에 쫓겨난 것을 볼 때에 거기서 슬피 울며 이를 갈리라 사람들이 동서남북으로부터 와서 하나님의 나라 잔치에 참여하리니 보라 나중 된 자로서 먼저 될 자도 있고 먼저 된 자로서 나중 될 자도 있느니라 하시더라"(눅 13:28~30)

자기의 때가 아닌 무화과나무는 그 어떤 경우에도 열매를 결실할 수 없다. 그럼에도 시장하신 주님께서는 과실을 요구하신다. 오늘 우리도 죄의 본성이 너무나 강해서 하나님의 말씀에 철저하게 순종하는 제자도의 열매를 결실할 수 없다. 그럼에도 하나님께서는 우리에게 모든 소유를 버리기까지 당신을 따르는 불가능의 제자도(눅 14:26~27, 33)를 요구하신다. 이유는 우리가 믿음으로 기도하면 산을 바다에 던질 수 있는 약속의 능력을 받았기 때문이다. 그러므로 우리가 이방인들처럼 먹고 마시고 입고를 위해 기도하지 말고, 하나님의 나라와 의, 곧 하나님의 뜻대로 사는 삶, 주님의 명령대로 행하는 삶을 살기를 구하고 찾고 두드린다면, 하나님의 선물인 성령의 능력으로 우리의 죄성을 극복하고 하나님의 뜻에 순종하는 성령의 열매를 결실할 수 있다.

결국, 주님께서는 산을 바다에 던질 수 있는 믿음의 능력으로 하나님의 말씀을 순종하는 제자도의 삶을 요구하신다. 그러므로 우리는 부자 되는 삶, 성공하는 삶을 꿈꾸지 말고 예수 그리스도의 말씀에 죽기까지 순종하는 순종의 삶을 꿈꾸고 믿음으로 기도하고 믿음으로 행해야 한다. 그러면 그 꿈은 반드시 이루어진다.

아론의 살구나무 지팡이는 생명이 없었지만, 그럼에도 그곳에는 하나님의 능력으로 말미암아 살구꽃이 결실(민 17:1~8)

되었듯이, 죄로 말미암아 죽은 우리도 하나님의 생명인 성령의 능력으로 종국에는 베드로처럼 십자가를 거꾸로도 질 수 있는 순종의 사람이 된다.

마가는 산을 바다에 던질 수 있는 믿음의 교훈을 무화과나무의 심판 사건과 관련해서 기록했다(막 11:20~24). 그러나 누가는 마가와 동일한 교훈을 하나님의 말씀대로 철저하게 용서하는 열매 맺는 삶과 관련해서 뽕나무를 뿌리째 뽑아 바다에 심을 수 있는 믿음의 권능으로 교훈한다.

"너희는 스스로 조심하라 만일 네 형제가 죄를 범하거든 경고하고 회개하거든 용서하라 만일 하루에 일곱 번이라도 네게 죄를 짓고 일곱 번 네게 돌아와 내가 회개하노라 하거든 너는 용서하라 하시더라 사도들이 주께 여짜오되 우리에게 믿음을 더하소서 하니 주께서 이르시되 너희에게 겨자씨 한 알만한 믿음이 있었더라면 이 뽕나무더러 뿌리가 뽑혀 바다에 심기어라 하였을 것이요 그것이 너희에게 순종하였으리라"(눅 17:3~6)

지금 제자들이 구하고 있는 믿음은 어떤 믿음인가? 불가능의 인생 문제를 극복하고 역전시킬 수 있다는 믿음인가? 아니다. 지금 제자들은 주님께서 명하시는 끝없는 용서의 사랑을 실천하기 위해서 자신들에게 믿음이 필요함을 절감했다. 그래서 그들은 주님의 말씀대로 철저하게 용서하는 사랑의 삶을 살 수 있도록 주님께 믿음을 더하여 줄 것을 간청했고, 이에 주님께서는 그들에게 겨자씨 한 알 만한 믿음이 있으면 산에 심긴 뽕나무를 뿌리째 뽑아서 바다에 심을 수 있다고 약속하셨다.

뽕나무의 뿌리는 땅속 깊이 억세게 박혀 있기 때문에 사람의 힘으로는 도저히 땅속에 깊이 박힌 뽕나무를 맨손으로 뽑아낼 수가 없다. 그런데 주님께서 땅속에 깊이 박힌 억세게 질긴 뽕나무의 뿌리를 겨자씨 한 알 만큼의 믿음으로도 뽑아내서 바다에 심을 수 있다고 하셨으니 이보다 더 큰 불가능의 문제 해결이 어디 있겠는가!

지금 제자들은 연약한 죄인이기 때문에 도저히 하나님의 말씀대로 온전하게 행할 수 없다. 그러나 그들에게 겨자씨 한 알만큼의 온전한 믿음이 있으면, 뽕나무를 뿌리째 뽑아 바다에 심을 수 있음같이 예수 그리스도의 명령을 온전하게 지켜 행할 수 있다. 결국, 그들은 믿음을 통해 꿈을 이루고 문제 해결을 받고 축복 응답을 받는 것이 아니라, 하나님의 말씀대로 온전히 행할 수 있게 된다.

믿음은 꿈과 관련된 것이 아니다. 긍정과 관련된 것도 아니다. 해결과 관련된 것도 아니다. 응답과 관련된 것도 아니다. 역전과 관련된 것도 아니다. 할 수 있다는 것과 관련된 것도 아니다. 믿음은 하나님의 말씀에 순종함과 관련 있다.

우리는 너무나 죄성이 강해서 하나님의 말씀대로 순종하는 열매 맺는 삶을 결실할 수 없다. 우리의 죄성은 뽕나무의 뿌리와 같이 마음속 깊은 곳에 너무나 깊이 뿌리 내리고 있다. 그래서 우리는 그 어떤 경우에도 죄성을 뿌리 뽑을 수 없다. 그 결과 하나님의 말씀에 온전히 순종하는 것이 불가능하다. 그러나 믿음의 기도는 우리 가운데 억세게 뿌리박힌 죄성을 뽑아서 그 어떤 경우에도 우리 스스로 결실할 수 없는 하나님의 의와 생명의 과실을 결실하게 한다.

이처럼 마음속에 뿌리 박힌 죄성 때문에 우리는 하나님의 말씀에 절대로 순종할 수 없지만, 믿음의 기도는 우리 마음 가운데 깊이 박힌 죄성의 억센 뿌리를 뽑아서 바다에 심기게 한다. 그래서 하나님의 말씀대로 열매 맺는 삶을 결실하게 된다. 그러므로 우리는 믿음의 기도를 통해 열매 맺는 삶을 구해야 한다. 불순종하는 죄인이 하나님의 말씀에 전적으로 순종하는 바로 이 삶이 믿음으로 가장 큰 불가능을 극복하는 승리의 삶이다.

이와 관련해서 마태복음의 저자 마태는 베드로가 죄를 범한 형제를 몇 번이나 용서해 주어야 합니까? 라는 질문에 대해 주님께서 일흔 번씩 일곱 번이라도 용서하라고 하신 명령(마 18:21~22)을 기록하기 전에 주님께서 제자들에게 죄를 범한 형제의 치리와 관련한 명령을 하신 후, 제자들이 땅에서 무엇이든지 매면 하늘에서도 매이고 땅에서 무엇이든지 풀면 하늘에서도 풀린다고 하신 약속의 말씀을 기록했다(마 18:15~19).

"네 형제가 죄를 범하거든 가서 너와 그 사람과만 상대하여 권고하라 만일 들으면 네가 네 형제를 얻은 것이요 만일 듣지 않거든 한두 사람을 데리고 가서 두세 증인의 입으로 말마다 확증하게 하라 만일 그들의 말도 듣지 않거든 교회에 말하고 교회의 말도 듣지 않거든 이방인과 세리와 같이 여기라 진실로 너희에게 이르노니 무엇이든지 너희가 땅에서 매면 하늘에서도 매일 것이요 무엇이든지 땅에서 풀면 하늘에서도 풀리리라 진실로 다시 너희에게 이르노니 너희 중의 두 사람이 땅에서 합심하여 무엇이든지 구하면 하늘에 계신 내 아버지께서 그들을 위하여 이루게 하시리라"(마 18:15~19)

"그때에 베드로가 나아와 이르되 주여 형제가 내게 죄를 범하면 몇 번이나 용서하여 주리이까 일곱 번까지 하오리이까 예수께서 이르시되 네게 이르노니 일곱 번뿐 아니라 일곱 번을 일흔 번까지라도 할지니라"(마 18:21~22)

여기서 우리는 세 복음서의 저자 모두가 주님께서 제자들에게 교훈하신 열매 맺는 삶과 철저한 용서의 명령과 관련해서 기도의 교훈을 기록하고 있음을 보게 된다. 그런데 오늘 우리는 문제 해결과 축복 응답을 위한 무적의 기도 권세로 잘못 이해하고 적용하고 있다.

누가는 예수 그리스도께서 제자들에게 철저한 용서의 명령(눅 17:3~4)을 하신 이후에 "우리에게 믿음을 더하소서!"하는 제자들의 간청을 삽입해 기록한 다음에 뽕나무도 뿌리가 뽑혀 바다에 심길 수 있다는 믿음의 권세와 관련한 주님의 약속을 기록했다(눅 17:5~6). 마가는 열매 없는 무화과나무의 심판(막 11:12~14)을 기록한 다음에, 무화과나무가 뿌리로부터 마른 이상한 상황을 질문하는 베드로의 의문에 대해 산이라 할지라도 믿음만 있다면 바다에 던질 수 있다고 하신 기도의 권세와 관련한 주님의 교훈(막 11:20~24)을 기록한 후, 용서의 명령을 기록하고 있다(막 11:25). 마태 역시 주님께서 제자들에게 죄를 범한 형제를 용서하는 것에 대한 교훈을 하신 것(마 18:15~17, 21~22)과 관련해서 무엇이든지 땅에서 매면 하늘에서도 매이고 땅에서 풀면 하늘에서도 풀리기 때문에 제자들이 합심하여 무엇이든지 구하면 하나님께서 이루어 주신다는 기도의 권세와 관련한 주님의 교훈(마 18:18~19)을 기록하고 있다.

결국 마가복음에서 의심치 않고 말한 것이 이룰 줄 믿으면 산을 명하여 바다에 던질 수 있다는 주님의 약속이나, 누가복음에서 겨자 씨 한 알만큼의 믿음이 있다면 뽕나무가 뿌리째 뽑혀서 바다에 심길 수 있다는 주님의 약속이나, 마태복음에서 땅에서 무엇이든지 매면 하늘에서도 매이고 땅에서 무엇이든지 풀면 하늘에서도 풀린다는 주님의 약속은 동일한 목적과 동일한 적용을 위해 주어진 말씀이다. 곧 죄 사함과 죄 용서와 말씀대로 사는 삶, 곧 열매 맺는 삶과 관련한 약속들이다.

주님께서 명령하신 철저하게 용서하는 사랑의 삶은 말씀에 순종하는 열매이다. 주님께서는 이 열매 맺는 삶과 관련해서 교회에게 믿음의 권세, 기도의 권세를 약속하셨다. 그러므로 우리는 무엇이든지 땅에서 매면 하늘에서도 매이고 땅에서 풀면 하늘에서도 풀린다는 약속(마 18:18)과 믿음은 산을 명하여 바다에 던질 수 있고 따라서 우리가 무엇이든지 기도하고 구하면 받게 된다는 약속(막 11:23~24)과 우리에게 겨자씨한 알만한 믿음만 있어도 뽕나무를 뿌리째 뽑아 바다에 심기게 할 수 있다는 약속(눅 17:5~6)은 우리들의 인생 문제 해결과 관련해서 주어진 교훈이 아니라 하나님의 말씀대로 사는 순종의 삶, 예수 그리스도의 계명을 지켜 행하는 제자도의 삶과 관련해서 주어진 교훈이다.

주님께서는 교회에게 믿음으로 기도하면 무조건 문제 해결 받고 무조건 축복 응답받고 무조건 꿈을 이루고 무조건 소원을 성취한다고 약속하신 것이 아니다. 죄인 된 우리는 죄성으로 말미암아 하나님의 말씀에 철저하게 복종할 수 없다. 그래서 믿음의 열매를 결실할 수 없다. 그러나 약속된 믿음의 권세와 기도의 권세로 우리는 하나님의 말씀에 순종해서 의와 생명의 열매를 결실할 수 있다. 지금 우리에게 요구되는 믿음은 문제 해결을 확신하는 믿음이 아니라 열매 맺기 위한 믿음이다. 그러므로 우리가 해야 하는 믿음의 기도는 문제 해결을 받고 응답을 받기 위해서가 아니라 하나님의 말씀에 순종하는 열매 맺는 삶을 결실하기 위한 기도이어야 한다.

# 15. 요한삼서 1:2의 잘되어야 하는 범사가 만사형통인가?

"사랑하는 자여 네 영혼이 잘됨같이 네가 범사에 잘되고 강건하기를 내가 간구하노라"(요삼 1:2)

교인 수 확장에 여념 없는 목회자들은 이 말씀을 예수 믿으면 영혼이 잘되고, 영혼이 잘되면 육신도 건강하고 물질 문제도 해결 받고 부요한 삶을 살 수 있다는 황당한 교훈으로 가르치고 있다. 그들은 예수 믿으면 천국은 떼 놓은 당상이고, 이 땅에서도 형통하고 부자 된다는 식의 가르침으로 사람들을 불러 모은다. 과연 이 본문은 그런 의미일까?

이 말씀을 올바로 이해하기 위해서는 이 말씀이 기록된 요한삼서의 배경을 살펴보아야 한다. 요한삼서에는 '가이오'와 '디오드레베' 두 사람이 등장하는데, 사도 요한은 이 둘을 예로 들면서 요한삼서 2절의 말씀으로 교회를 권면한다. 그래서 가이오와 디오드레베라는 두 사람에게 보낸 사도 요한의 편지 전체를 유심히 살펴보아야 이 말씀의 의미와 목적을 바르게 해석할 수 있다.

"장로인 나는 사랑하는 가이오 곧 내가 참으로 사랑하는 자에게 편지하노라 사랑하는 자여 네 영혼이 잘됨같이 네가 범사에 잘되고 강건하기를 내가 간구하노라 형제들이 와서 네게 있는 진리를 증언하되 네가 진리 안에서 행한다 하니 내가 심히 기뻐하노라 내가 내 자녀들이 진리 안에서 행한다 함을 듣는 것보다 더 기쁜 일이 없도다 사랑하는 자여 네가 무엇이든지 형제 곧 나그네 된 자들에게 행하는 것은 신실한 일이니 그들이 교회 앞에서 너의 사랑을 증언했느니라 네가 하나님께 합당하게 그들을 전송하면 좋으리로다 이는 그들이 주의 이름을 위하여 나가서 이방인에게 아무것도 받지 아니함이라 그러므로 우리가 이같은 자들을 영접하는 것이 마땅하니 이는 우리로 진리를 위하여 함께 일하는 자가 되게 하려 함이라 내가 두어 자를 교회에 썼으나 그들 중에 으뜸되기를 좋아하는 디오드레베가 우리를 맞아들이지 아니하니 그러므로 내가 가면 그 행

한 일을 잊지 아니하리라 그가 악한 말로 우리를 비방하고
도 오히려 부족하여 형제들을 맞아들이지도 아니하고 맞
아들이고자 하는 자를 금하여 교회에서 내쫓는도다 사랑
하는 자여 악한 것을 본받지 말고 선한 것을 본받으라 선
을 행하는 자는 하나님께 속하고 악을 행하는 자는 하나님
을 뵈옵지 못했느니라 데메드리오는 뭇 사람에게도, 진리
에게서도 증거를 받았으매 우리도 증언하노니 너는 우리
의 증언이 참된 줄을 아느니라"(요삼 1:1~12)

우리는 전체 본문의 흐름을 생각지 않고 오로지 우리에게
인생의 희망을 심어 주는 신바람 나는 2절 말씀 한 구절에만
유독 집중해서 무한한 상상력으로 진리를 마음껏 왜곡해서
해석한다. 그래서 예수 믿으면 범사가 잘되어서 육신이 건강
하고 인생 복 받고, 인생 문제가 형통해지고, 인생 문제가 해
결 받는다는 것으로 2절 말씀을 이해한다. 그러나 이 땅에 있
는 모든 것을 하나님과 원수 된 정욕(요일 2:15~17)으로 규정했
던 사도 요한이 과연 우리 영혼이 잘됨같이 잘되고 강건해져
야 할 '범사'를 이 땅에서의 인생 복으로, 곧 무병장수와 만사
형통으로 교훈했을까?
2절 말씀의 바른 의미를 이해하기 위해서는 이 말씀이 속

한 본문 전체의 요지를 파악하는 것이 중요하다. 본문은 두 부류의 신앙인이 가진 삶의 열매에 대해서 이야기하고 있다. 즉 본문 전체는 그리스도를 믿는 믿음 안에서 '선한 삶의 열매'를 결실한 '가이오'와 예수 그리스도를 믿는 믿음을 가졌다고 하면서도 '악한 삶의 열매'를 결실했던 '디오드레베', 이 두 사람의 신앙 행위를 비교한다.

가이오라는 사람은 사도 요한의 전도로 인해 개종한 자로 추정되는데, 그가 이처럼 사도 요한에 의해서 칭찬을 받았던 것은 순회교사들을 후대한 그의 선한 행위 때문이었다(요삼 1:3). 초대 교회에는 순회교사들이 있었다. 이들은 초대 교회의 빠른 성장을 사도들만으로는 감당할 수 없는 상황에서 각처의 교회들을 돌아보도록 세움을 받은 사람들이었다. 이들은 사도들과 밀접한 관계를 가지면서 수시로 지역 교회들을 돌아보고 그 교회들의 신앙 상태를 사도들에게 보고했다. 그런데 순회교사들이 계속해서 가이오의 선행을 칭찬했던 것이다. 그만큼 가이오의 선행은 탁월한 것이었다. 그의 선행은 진리 안에서 행하는 사랑의 행위였다. 순회교사들이 전했던 가이오에게 있는 진리는 그가 진리의 말씀대로 사랑을 실천하고 있다는 것이다.

사도 요한은 진리 안에 있는 사람을 예수 그리스도와 같이 사랑의 계명을 실천하는 사람이라고 했다.

> "우리가 그의 계명을 지키면 이로써 우리가 그를 아는 줄
> 로 알 것이요 그를 아노라 하고 그의 계명을 지키지 아니
> 하는 자는 거짓말하는 자요 진리가 그 속에 있지 아니하되
> 누구든지 그의 말씀을 지키는 자는 하나님의 사랑이 참으
> 로 그 속에서 온전하게 되었나니 이로써 우리가 그의 안에
> 있는 줄을 아노라 그의 안에 산다고 하는 자는 그가 행하
> 시는 대로 자기도 행할지니라"(요일 2:3~6)

사도 요한은 예수를 믿는다고 하면서도 예수 그리스도처
럼 사랑의 계명을 실천하지 않는 사람은 진리 안에 있지 않고
거짓말하는 자라고 단호하게 정죄했다. 그런 사람은 예수 밖
에 있는 사람이다. 가이오가 순회교사들을 후대한 행위는 율
법의 정신에 충실한 것이었고(레 19:34; 민 18:24), 예수 그리스도
의 교훈을 그대로 실천한 것이다(마 10:40~42).

초대 교회 성도들이 순회교사들을 도와줘야 했던 것은 그
들이 이방인들에게 복음을 전하면서도 어떤 물질적인 보조
도 받지 않아 궁핍했기 때문이다(요삼 1:7~8). 순회교사들은 복
음에 조금이라도 저해가 된다면 어느 누구에게 어떤 물질적

보조도 받지 않았다. 이처럼 순회교사들이 헌신과 충성의 열정을 가지고 복음을 값없이 전했던 모습은 그 당시 많은 헬라 지식인들이 자신들이 알고 있는 지식들을 가르쳐 준 후에 돈을 요구했던 일과는 너무나 대조되는 거룩한 삶이었다. 순회교사들의 여행 경비는 그들이 방문한 지역의 그리스도인들이 그들을 접대하고 그들이 다음 여행을 위해 떠날 때 주는 여비로 충족되었다.

가이오는 예수 그리스도의 명령과 사도들의 명령을 따라서 자신들의 모든 삶을 값없이 예수 그리스도의 복음에 헌신했던 순회교사들을 진리의 사랑을 따라서 극진하게 대접했다. 그러나 디오드레베는 가이오가 속해 있던 교회의 지도자적인 인물로서 으뜸이 되기를 좋아했던 사람이다. 그래서 그는 사도 요한의 권위를 무시하고(요삼 1:9) 순회교사들의 방문 때문에 교회 지도자로서의 자기 권위가 실추되고 자기의 기득권이 상실될까 염려한 나머지 아마도 다음의 경우를 핑계 삼아 진실한 순회교사들까지 배척했던 것이다.

그 당시 교회 안에는 순회교사를 사칭하면서 그리스도인들의 집을 방문해서 성도들을 미혹하는 거짓 전도자들과 자신의 정체를 숨기고 교회 안에 들어와서 그리스도인을 결박해서 고발하는 교회의 박해자들이 있었다. 디오드레베는 이와 같은 악한 사람들을 막기 위한 것이라는 그럴듯한 구실을 내세워 터무니없는 말로 순회교사들을 폄하하고 그리스도인으로서 마땅히 해야 할 형제 접대를 하지 않았다(요삼 1:9). 또한 자신의 지시를 무시하고 순회교사들을 영접하고자 하는 성도들을 교회의 권위에 도전하고 교회 위계질서를 어지럽힌다는 이유로 출교(요삼 1:10)시키기까지 했다.

사도 요한은 요한삼서 서신을 두 가지 초점에서 전개하고 있다. 한 가지는 순회교사들을 사랑으로 대접한 선행이고, 다른 한 가지는 그들을 배척한 악행이다. 이런 취지에서 아무리 디오드레베 스스로가 자신이 예수 그리스도를 믿고 교회에서 직분을 맡은 '영혼이 잘된 지도자'라고 생각한다고 할지라도, 순회교사들을 배척한 그의 악한 행위로 볼 때 '그의 범사', 즉 그의 악한 행실의 열매는 그의 영혼이 잘못된 것을 증명한다는 것이다. 그러나 가이오는 선한 일에 더욱 열매를 맺고 있었다. 그러므로 사도 요한은 가이오의 범사에 더욱 선한 삶의 열매가 맺어져서 그의 선한 영혼이 강건해지기를 소망했던 것이다.

여기서 '강건'은 육체적인 건강이나 물질적인 부요가 아니라 예수 그리스도에게서 받은 진리에서 흔들리지 않고 사랑의 열매를 결실하는 '신앙의 견고함'이다. 그래서 사도 요한은 가이오가 더욱 선한 일에 증진하도록 격려하기 위해서 '네 영혼이 잘됨같이 범사에 잘되고 강건'하기를 간구했던 것이다(요삼 1:2). 그러므로 가이오에게 있어 잘되고 강건해져야 할 범사는 육체적인 건강이나 부요한 육적 삶이 아니라 예수 그리스도의 진리를 따라 열매 맺는 삶이다.

초대 교회 당시에는 많은 영지주의 교사들이 교회의 질서를 어지럽히고 있었다. 이들을 사도 요한은 적그리스도라고 했다.

> "아이들아 지금은 마지막 때라 적그리스도가 오리라는 말을 너희가 들은 것과 같이 지금도 많은 적그리스도가 일어났으니 그러므로 우리가 마지막 때인 줄 아노라"(요일 2:18)

영지주의자들은 영은 거룩하지만, 육은 악하고 추하며 무익하다고 주장한 자들이다. 그들은 이 땅에서의 육적인 삶은 악하고 추하며 무익한 육에 속한 것이기 때문에 이미 영이 깨끗해진 사람들은 예수 그리스도의 철저한 말씀대로 살지 않아도 된다는 궤변을 교회 안에 퍼뜨렸고, 그 결과 교인들로 육체의 일에 방종하게 만들어 극심한 불경건을 조장했다.

사도 요한은 이러한 영지주의자들의 궤변에 맞서서 성도들의 삶이 영육 간에 균형 잡힌 발전을 도모해야 함을 강조할 필요가 있었다. 즉 예수 그리스도를 구주로 영접하고 나서 영혼이 잘되었다면 육적인 삶도 거룩해야 하고, 선한 일을 철저히 행해야 함을 성도들에게 가르쳐야 했던 것이다. 그러므로 '범사에 잘되고 강건해지는 것'은 인생살이가 부자 되고, 성공하고, 육신의 질병이 사라지고 건강해져야 한다는 의미가 아니다.

사도 요한에게 있어서 세상에 있는 모든 것은 단절하고 버려야 하는 대상이었지 조금이라도 사랑하고 추구해야 할 대상이 아니었다.

> "이 세상이나 세상에 있는 것들을 사랑하지 말라 누구든지
> 세상을 사랑하면 아버지의 사랑이 그 안에 있지 아니하니
> 이는 세상에 있는 모든 것이 육신의 정욕과 안목의 정욕
> 과 이생의 자랑이니 다 아버지께로부터 온 것이 아니요 세
> 상으로부터 온 것이라 이 세상도, 그 정욕도 지나가되 오
> 직 하나님의 뜻을 행하는 자는 영원히 거하느니라"(요일
> 2:15~17)

결국 사도 요한은 영혼이 잘되면 반드시 육도 거룩한 행실의 열매를 결실해서 영육 간에 조화를 이루어야 하지, 영은 거룩한데 육은 방종하고, 영은 거듭났는데 행실의 열매는 결실하지 못하고, 말씀은 받았다는데 말씀대로 살지 못한다는 것은 있을 수가 없다는 것이다. 그러므로 영혼이 잘된 자는 범사가 잘되고 강건해져서 세상 유혹에 넘어지지 않고, 세상 욕심을 따르지 않고, 세상 죄악을 멀리하고, 거룩한 신앙의 열매를 반드시 결실해야 한다는 것이다.

사도 요한은 가이오에게 있는 진리를(요삼 1:3) 칭찬하고 격려하고 그 진리의 열매가 모든 일, 즉 범사에 결실되기를 바라는 마음을 "범사가 잘되고 강건하기를 바란다."라는 말로 표현했던 것이다. 결국 실제 신앙의 삶에서 열매가 결실되는 자만이 진리가 그 속에서 온전하게 된 참 신앙인이며, 진리가 생활과 분리된 자, 진리와 삶이 일치하지 않는 자, 곧 하나님의 계명을 지키지 않는 자는 거짓말하는 자요 진리가 그 속에 없는 거짓 신앙인이다.

가이오는 하나님의 말씀대로 선행의 열매를 맺은 영혼이 잘된 자였다.

"사랑하는 자여 네가 무엇이든지 형제 곧 나그네 된 자들

에게 행하는 것은 신실한 일이니 그들이 교회 앞에서 너의 사랑을 증언하였느니라"(요삼 1:5~6전)

가이오는 형제, 곧 나그네 된 자들에게 무엇이든지 신실했다. 여기서 가이오가 신실했던 '무엇이든지'가 바로 '범사'이다. 그러므로 사도 요한은 가이오의 선한 행실이 계속되기를 격려하고 있는 것이다(요삼 1:6후~8). 바로 이와 같은 선행의 삶이 사도 요한이 간구하고 있는 잘되고 강건해야 될 범사이다.

범사에 잘되는 삶은 육신적으로 건강한 삶, 세상적으로 부요한 삶, 세상적으로 성공한 삶, 세상적으로 명예로운 삶, 세상적으로 박수받는 삶이 아니라, 진리의 말씀대로 행하는 열매 맺는 삶을 의미한다. 따라서 가이오에게 "네 영혼이 잘됨 같이 범사에 잘되고 강건하기를 원하노라." 했던 사도 요한의 간구를 예수 믿으면 영혼이 잘되어 구원도 받고 또한 덤으로 범사에 무병장수하고 물질 축복받고 꿈을 이룰 수 있다고 설교하는 것은 어리석은 설교이며 오히려 성도들을 세속화시키는 사람의 교훈이다.

## 16. 두 부류의 선지자, 두 부류의 설교자

구약 시대에 범죄한 이스라엘 백성에게 하나님의 심판, 즉 바벨론의 침략이 임박해 오고 있음에도 심판의 경고를 발하지 못한 몰각한 목회자들(사 56:11) 곧 평강 타령하는 거짓 선지자들이 있었다(미 3:5). 그들은 늘 하나님의 선민 된 특권 타령이나 교훈하면서 "우리는 구원받은 민족이요, 축복받은 아브라함의 후손이기 때문에 어떤 대적이 와도 승리할 수 있다."라고 외쳤다. 바로 이것이 구약 거짓 선지자들의 낙관적 평강 타령의 주제가였다.

마찬가지로 신약에서 교회 안에 횡횡하는 낙관적 평강 타령은 하나님의 뜻을 행하지 않는 "주여! 주여!"하는 교회 세대에게 하나님의 영원한 심판이 임박해 오고 있음에도 허구한 날 "우리는 구원받은 백성이요, 축복받은 아브라함의 영적 후손이기 때문에 어떤 인생의 문제도 해결 받을 수 있고, 어떤 인생의 꿈도 이룰 수 있고, 어떤 인생의 실패도 극복할 수 있고, 그 어떤 경우에도 영향력 있는 잘된 인생이 될 수 있다."라는 설교들이다.

예레미야 23장에는 두 종류의 선지자가 나온다. 하늘 회의에 참여해서 하나님의 말씀을 듣고 백성의 잘못된 신앙의 삶을 책망하며 그들에게 악한 길과 악한 행위에서 돌이킬 것을 촉구하는 참 선지자(렘 23:22)와 자기 마음에서 우러나오는 헛된 것을 하나님의 말씀이라고 가르치는 거짓 선지자이다(렘 23:16).

거짓 선지자의 특징은 마음의 강퍅한 대로 행하는 모든 사람에게 항상 "재앙이 임하지 않는다."라며 평강 타령하는 것이다.

"만군의 여호와께서 이와 같이 말씀하시되 너희에게 예언하는 선지자들의 말을 듣지 말라 그들은 너희에게 헛된 것을 가르치나니 그들이 말한 묵시는 자기 마음으로 말미암은 것이요 여호와의 입에서 나온 것이 아니니라 항상 그들이 나를 멸시하는 자에게 이르기를 너희가 평안하리라 여호와의 말씀이니라 하며 또 자기 마음이 완악한 대로 행하는 모든 사람에게 이르기를 재앙이 너희에게 임하지 아니하리라 했느니라 누가 여호와의 회의에 참여하여 그 말을 알아들었으며 누가 귀를 기울여 그 말을 들었느냐 보라 여호와의 노여움이 일어나 폭풍과 회오리바람처럼 악인의 머리를 칠 것이라 여호와의 진노가 내 마음의 뜻하는 바를 행하여 이루기까지는 그치지 아니하나니 너희가 끝날에 그것을 완전히 깨달으리라 이 선지자들은 내가 보내지 아니했어도 달음질하며 내가 그들에게 이르지 아니했어도 예언했은즉 그들이 만일 나의 회의에 참여했더라면 내 백성에게 내 말을 들려서 그들을 악한 길과 악한 행위에서 돌이키게 했으리라"(렘 23:16~22)

거짓 선지자들의 평강 타령은 여호와의 입에서 나온 것이 아니라 그들의 마음에서 나온 헛된 묵시이다. 이들을 향해 하나님께서는 당신의 말을 도적질한 자들이라고 책망하셨다.

"여호와의 말씀이라 그러므로 보라 서로 내 말을 도둑질하는 선지자들을 내가 치리라"(렘 23:30)

하나님의 말을 도둑질했다는 의미는 그들이 하나님의 말

씀을 가르친다고는 하면서 늘 자기 마음의 생각대로 축복 타령, 평강 타령, 꿈 타령을 했다는 것이다. 결국 그들은 백성의 요구에 맞추기 위해 자기들 마음에서 우러나오는 대로 축복 타령과 평강 타령과 꿈 타령을 하면서 자기들의 설교를 하나님의 말씀인 것처럼 선포했다.

예레미야 23장은 하나님의 하늘 회의에 참여하지 못했던 거짓 선지자, 즉 행위의 온전한 열매를 맺지 못하는 이름뿐인 신앙인들을 향해 그들의 길과 행위를 돌이키게 하는 강력한 회개 촉구의 말씀을 선포하지 못했던 자들을 가리켜 평강 타령하는 거짓 선지자들(렘 23:17), 몽사(夢思) 타령하는 거짓 선지자들(렘 23:25)이라고 말하고 있다.

구약 거짓 선지자들의 평강 타령과 몽사 타령은 오늘날 교회 안에서 문제 해결 타령, 응답 타령, 꿈 타령하는 거짓 선지자들에 의해서 재현되고 있다. 그들의 특징은 하나같이 늘 하나님의 말씀 한 구절을 인용해서, 백성에게 "문제 해결 받으라! 응답받으라! 꿈을 이루라! 영향력 있는 인생이 되라!"고 선동하는 것이다. 그러나 그들은 열매 맺지 못하는 백성의 신앙에 대해서는 "정녕히 죽으리라! 성 밖에서 슬피 울며 이를 갈게 될 것이다! 바깥 어두움 가운데서 슬피 울며 이를 갈게 될 것이다!"라고 경고하지 못한다. 이유는 밥줄이 끊어지기 때문이다.

신앙인이 악한 길과 악한 행위에 있다는 것(렘 23:22)은 그들이 주례 교도소, 청송 교도소 가야 하는 흉악한 범죄를 저지르고 있다는 말이 아니라 그들이 하나님 말씀대로 열매를 맺어야 함에도 불구하고 열매를 맺지 못하고 있다는 것이다. 주님은 분명히 모든 소유를 버리기까지 나를 따르지 않으면 내 제자가 아니라고 하셨다(눅 14:26~27, 33). 처음 사랑의 행위(행 4:32~35)를 회복하지 않으면 촛대를 옮기신다고 경고하셨다(계 2:5). 흰옷을 입지 않으면 당신의 입에서 토하여 내친다고 하셨다(계 3:2~3; 16~18). 그럼에도 오늘날 수없이 많은 거짓 선지자들은 자신들의 설교를 "복 받을지어다."라는 축도로 끝을 맺는다.

# 17. 강들과 여러 물샘에 떨어진 큰 별

생수와 탄산음료를 비교했을 때, 생수의 맛은 밋밋한 반면에 탄산음료의 맛은 그것을 찾는 사람의 구미를 자극한다. 그러나 환자가 마셔야 하는 것은 생수이지 자극적인 탄산음료가 아니다. 마찬가지로 죄인에게 필요한 음료는 생수의 말씀이지 자극적인 탄산음료와 같은 세상에 속한 허탄한 이야기들이 아니다. 그런데 지금 교회는 육신의 정욕과 안목의 정욕과 이생의 자랑을 자극하는 허탄한 성공신화의 탄산수 맛에 중독되어 있다.

오늘 교회는 개개인의 구미를 자극해 주는 허탄한 이야기를 좇아가면서 바른 교훈의 말씀을 듣지 않으려 한다. 이것은 구약 이스라엘 백성이 범했던 가장 패역한 죄 가운데 하나이다. 구약 이스라엘 백성은 자신들이 혈통적으로 소유한 아브라함 자손이라는 특권 의식에 함몰되어 그들의 형통과 그들의 승리를 장담하는 거짓 선지자들의 설교를 좇으면서 하나님의 선지자들이 전하는 철저한 회개를 거부했다. 그들은 형통과 승리를 꿈꾸며 기도는 열심히 했지만, 율법의 본질적 이념인 안식년법과 희년법을 절대로 지켜 행하지 않았다. 오늘 교회도 이 세상에 속한 만복을 꿈꾸며 기도는 열심히 하지만, 그들의 삶 속에 철저한 제자도의 삶과 청지기의 삶이 없다(눅 14:26~27, 33; 행 4:32~35).

이사야 선지자는 다가오는 교회시대의 복을 물의 축복을 받는 시대로 예언하고 있다.

"보라 하나님은 나의 구원이시라 내가 신뢰하고 두려움이 없으리니 주 여호와는 나의 힘이시며 나의 노래시며 나의 구원이심이라 그러므로 너희가 기쁨으로 구원의 우물들에서 물을 길으리로다"(사 12:2~3)

"가련하고 가난한 자가 물을 구하되 물이 없어서 갈증으로 그들의 혀가 마를 때에 나 여호와가 그들에게 응답하겠고 나 이스라엘의 하나님이 그들을 버리지 아니할 것이라 내가 헐벗은 산에 강을 내며 골짜기 가운데에 샘이 나게 하

며 광야가 못이 되게 하며 마른 땅이 샘 근원이 되게 할 것
이며"(사 41:17~18)

"너희는 이전 일을 기억하지 말며 옛날 일을 생각하지 말
라 보라 내가 새 일을 행하리니 이제 나타낼 것이라 너희
가 그것을 알지 못하겠느냐 반드시 내가 광야에 길을 사
막에 강을 내리니 장차 들짐승 곧 승냥이와 타조도 나를
존경할 것은 내가 광야에 물을, 사막에 강들을 내어 내 백
성, 내가 택한 자에게 마시게 할 것임이라 이 백성은 내가
나를 위하여 지었나니 나를 찬송하게 하려 함이니라"(사
43:18~21)

"나는 목마른 자에게 물을 주며 마른 땅에 시내가 흐르게
하며 나의 영을 네 자손에게, 나의 복을 네 후손에게 부어
주리니 그들이 풀 가운데에서 솟아나기를 시냇가의 버들
같이 할 것이라 한 사람은 이르기를 나는 여호와께 속했다
할 것이며 또 한 사람은 야곱의 이름으로 자기를 부를 것
이며 또 다른 사람은 자기가 여호와께 속했음을 그의 손으
로 기록하고 이스라엘의 이름으로 존귀히 여김을 받으리
라"(사 44:3~5)

"오호라 너희 모든 목마른 자들아 물로 나아오라 돈 없는 자도 오라 너희는 와서 사 먹되 돈 없이, 값없이 와서 포도주와 젖을 사라 너희가 어찌하여 양식이 아닌 것을 위하여 은을 달아 주며 배부르게 하지 못할 것을 위하여 수고하느냐 내게 듣고 들을지어다 그리하면 너희가 좋은 것을 먹을 것이며 너희 자신들이 기름진 것으로 즐거움을 얻으리라 너희는 귀를 기울이고 내게로 나아와 들으라 그리하면 너희의 영혼이 살리라 내가 너희를 위하여 영원한 언약을 맺으리니 곧 다윗에게 허락한 확실한 은혜이니라 보라 내가 그를 만민에게 증인으로 세웠고 만민의 인도자와 명령자로 삼았나니 보라 네가 알지 못하는 나라를 네가 부를 것이며 너를 알지 못하는 나라가 네게로 달려올 것은 여호와 네 하나님 곧 이스라엘의 거룩하신 이로 말미암음이니라 이는 그가 너를 영화롭게 하였느니라"(사 55:1~5)

예언된 물의 축복은 어떤 복을 말하는 것인가? 과연 이 물이 가뭄으로 기근에 시달리는 구약 이스라엘 백성에게 농사지을 넉넉한 비를 주셔서 넉넉한 경제적 번영을 주신다는 약속인가? 아니면, 지금 교회시대의 "주여! 주여!"를 부르짖는 자들에게 막힌 물권을 풀어 주셔서 사업 잘되게 하고 장사 잘되게 해 주신다는 약속인가? 결단코 아니다.

여기서 '물'은 구원을 상징하고 있다. 구원의 하나님께서는 죄인들에게 구원의 우물들에서 다시는 목마르지 않을 복음의 생수, 성령의 생수를 마시게 하실 것이다(사 12:2~3; 요 4:13~14). 하나님께서는 심령이 가난한 자에게 하나님의 나라를 허락하신다. 곧 심령이 가난한 자에게 당신의 구원을 허락하신다. 하나님께서는 광야와 같고 마른 땅과 같은 가련하고 빈핍한 자에게 넉넉한 물, 곧 넉넉한 구원을 허락하신다(사 41:17~18).

구약 이스라엘을 구원하신 하나님께서는 이제 죄인을 구원하실 것이다. 그날에 죄인은 예수 그리스도의 피로 말미암아 죄 사함을 받을 것이다. 바로 이것이 하나님께서 당신의 백성을 위해 준비하신 구원이다.

지금 교회는 창세 전부터 하나님의 택하심을 받아 구속, 곧 죄 사함 받고 하나님의 영광의 찬송이 되기 위해 부름을 받았다.

"찬송하리로다 하나님 곧 우리 주 예수 그리스도의 아버지께서 그리스도 안에서 하늘에 속한 모든 신령한 복을 우리에게 주시되 곧 창세 전에 그리스도 안에서 우리를 택하사 우리로 사랑 안에서 그 앞에 거룩하고 흠이 없게 하시려고 그 기쁘신 뜻대로 우리를 예정하사 예수 그리스도로 말미암아 자기의 아들들이 되게 하셨으니 이는 그가 사랑하시는 자 안에서 우리에게 거저 주시는바 그의 은혜의 영광을 찬송하게 하려는 것이라 우리는 그리스도 안에서 그의 은혜의 풍성함을 따라 그의 피로 말미암아 속량 곧 죄 사함을 받았느니라"(엡 1:3~7)

하나님께서는 구원하기로 예정한 당신의 백성에게 복음의 생수, 성령의 생수를 넉넉하게 허락하셔서 영원히 목마르지 않게 하시고 그들로 당신의 영광의 찬송이 되게 하실 것이다. 바로 이것이 하나님께서 행하실 새 일이다(사 43:18).

이사야 선지자는 다가오는 새 일의 시대, 곧 하나님께서 당신의 백성을 구원하시는 날을 광야에 길이 나고 사막에 강이 흐르며, 하나님의 택한 백성이 그 광야의 물들을 사막의 강들을 마시며 하나님의 찬송을 부르는 날이라고 예언했다(사 43:18~21). 그러므로 하나님의 택한 바 된 자들이 광야에서 흐르는 물들과 사막에서 넘쳐 나는 강물을 마시는 복된 시대는, 구원받은 죄인들이 하나님께서 예수 그리스도 안에서 죄인을 위해 베푸신 구원의 영광을 찬송하는 지금의 교회시대이다.

하나님께서 갈한 자에게 풍족한 물을 먹이셔서 그들의 곤고한 영혼을 소생시키는 그날에 죄인들이 믿음으로 의롭다 칭함을 받는 새 이스라엘이 되어 아브라함의 자손이 될 것이다.

> "그가 할례의 표를 받은 것은 무할례시에 믿음으로 된 의를 인친 것이니 이는 무할례자로서 믿는 모든 자의 조상이 되어 그들도 의로 여기심을 얻게 하려 하심이라 또한 할례자의 조상이 되었나니 곧 할례받을 자에게뿐 아니라 우리 조상 아브라함이 무할례시에 가졌던 믿음의 자취를 따르는 자들에게도 그러하니라"(롬 4:11~12)

> "그러므로 상속자가 되는 그것이 은혜에 속하기 위하여 믿음으로 되나니 이는 그 약속을 그 모든 후손에게 굳게 하려 하심이라 율법에 속한 자에게뿐만 아니라 아브라함의 믿음에 속한 자에게도 그러하니 아브라함은 우리 모든 사람의 조상이라"(롬 4:16)

지금 우리는 마른 땅에 흐르는 시내를 마시는 구원의 복을 누리며 야곱의 이름으로 일컬어지며 이스라엘의 이름으로 칭호되고 있다(사 44:3~5).

죄와 사망에서 구원받은 우리는 예수 그리스도로 말미암아 새 언약의 백성이 되었고 하나님의 새로운 나라가 되었다.

"이로 말미암아 그는 새 언약의 중보자시니 이는 첫 언약 때에 범한 죄에서 속량하려고 죽으사 부르심을 입은 자로 하여금 영원한 기업의 약속을 얻게 하려 하심이라"(히 9:15)

"그러나 너희는 택하신 족속이요 왕 같은 제사장들이요 거룩한 나라요 그의 소유가 된 백성이니 이는 너희를 어두운 데서 불러내어 그의 기이한 빛에 들어가게 하신 이의 아름다운 덕을 선포하게 하려 하심이라"(벧전 2:9)

하나님께서 다윗 집에 허락하셨던 구원의 언약은 예수 그리스도를 통해서 우리에게 영원한 언약이 되었다. 하나님께서는 예수 그리스도를 만민의 인도자와 명령자로 삼으시고 구원에서 제외되었던 이방인들인 우리, 곧 알지 못하는 나라를 당신의 언약 백성으로 부르셨다. 죄인들인 우리가 예수 그리스도로 말미암은 새로운 구원의 언약 백성이 된 지금을 이 사야 선지자는 목마른 자들이 물로 나아오는 시대, 곧 포도주 와 젖을 사는 풍요의 시대로 예언하고 있다(사 55:1~5). 지금 교회시대는 약속된 구원의 복을 상징하는 물을 마시는 시대이다.

이사야 선지자는 다가오는 교회시대에 죄인들이 받을 구원의 복을 이처럼 축복의 물을 마음껏 마시는 시대로 예언했고, 이 예언의 길을 따라 사마리아 여인은 주님에게서 구원의 생수를 목마르지 않게 마셨다.

"예수께서 대답하여 이르시되 네가 만일 하나님의 선물과 또 네게 물 좀 달라 하는 이가 누구인 줄 알았더라면 네가 그에게 구하였을 것이요 그가 생수를 네게 주었으리라 여자가 이르되 주여 물 길을 그릇도 없고 이 우물은 깊은데 어디서 당신이 그 생수를 얻겠사옵나이까 우리 조상 야곱이 이 우물을 우리에게 주셨고 또 여기서 자기와 자기 아들들과 짐승이 다 마셨는데 당신이 야곱보다 더 크니이까 예수께서 대답하여 이르시되 이 물을 마시는 자마다 다시 목마르려니와 내가 주는 물을 마시는 자는 영원히 목마르지 아니하리니 내가 주는 물은 그 속에서 영생하도록 솟아

나는 샘물이 되리라"(요 4:10~14)

교회시대에 약속된 물의 복은 죄인이 복음의 생수, 성령의
생수를 마시고 구원의 복을 받는 것으로 성취되었다. 죄인들
은 이 복음의 생수, 성령의 생수를 마음껏 마시며 하나님께서
죄인을 위해 약속하신 생명의 구원에 이른다.

이사야 선지자가 다가오는 교회시대가 누릴 복을 물의 복
곧 말씀의 생수와 성령의 생수를 흡족하게 마시는 구원의 시
대로 예언했듯이, 같은 예언의 길을 따라 사도 요한은 교회시
대가 받을 저주와 재앙을 물의 저주와 물의 재앙으로 예언했
다.

"셋째 천사가 나팔을 부니 횃불 같이 타는 큰 별이 하늘에
서 떨어져 강들의 삼분의 일과 여러 물샘에 떨어지니 이
별 이름은 쓴 쑥이라 물의 삼분의 일이 쓴 쑥이 되매 그 물
이 쓴 물이 되므로 많은 사람이 죽더라"(계 8:10~11)

예언된 물의 저주, 물의 재앙은 사도 바울이 언급한 바와
같이 다른 예수와 다른 영과 다른 복음을 용납한 세속화된 교
회가 구원의 복에서 떨어져 심판받는 것으로 성취된다(고후

11:2~4).

말씀의 생수, 성령의 생수를 마신 자에게 생명이 주어지듯이 다른 예수, 다른 복음, 다른 영을 용납한 자에게 하나님의 철저한 심판이 임할 것이다. 죄인들이 복음의 생수, 성령의 생수를 통해 하나님께서 약속하신 구원의 복을 누리게 되었듯이 구원받은 교회는 또한 다른 복음과 다른 영을 용납함으로 구원의 복을 상실하게 될 것이다. 바로 그것이 예언된 물의 재앙이고 물의 저주이다. 단언하건대 요한계시록에서 예언된 물의 저주, 물의 재앙은 식수원의 오염이나 하천의 오염을 말하는 것이 아니다.

사람들에게 생명을 주어야 할 물이 오히려 사람들을 죽게 만드는 이유는 무엇인가? 그것은 강들과 여러 물샘에 쓴 쑥이라는 이름의 큰 별이 떨어졌기 때문이다. 여기서 큰 별은 무엇인가? 저 우주에 있는 별들 가운데 우리가 살고 있는 지구보다 작은 크기의 별은 거의 존재하지 않는다. 그렇다면 그 큰 별들 가운데 하나가 낙동강 물샘에 떨어지고 한강 물샘에 떨어지고 미시시피강 물샘에 떨어지고 유브라데강 물샘에 떨어지고 라인강 물샘에 떨어지고 센강 물샘에 떨어진다면 많은 사람이 강물을 마시기 전에 지구는 이미 흔적도 없어 사라질 것이다. 그런데 어떻게 많은 사람이 쓰게 된 물을 마시고 죽게 된다는 것인가?

요한계시록에서는 이 별의 정체를 교회의 사자라고 분명
히 지칭하고 있다.

"네가 본 것은 내 오른손의 일곱 별의 비밀과 일곱 금 촛대
라 일곱 별은 일곱 교회의 사자요 일곱 촛대는 일곱 교회
니라"(계 1:20)

그런데 유념해야 할 것은 별이 교회의 사자를 가리킨다고
보면, 요한계시록 8:10의 이 별은 비록 단수로 표기되었지만,
복수의 의미로서 교회의 사자들을 지칭한다. 예를 들어 개는
충직하고 말은 빠르다고 할 때, 개 한 마리만 충직하고 말 한
마리만 빠르다는 것이 아니라 모든 개가 충직하고 모든 말이
빠름을 의미한다. 그러므로 큰 별은 큰 교회의 사자 한 사람
을 말하는 것이 아니라, 큰 교회들의 사자들을 의미한다.

지금 태평양 건너 미국에 있는 대단히 큰 교회의 사자인
아무개가 '긍정의 힘'을 외치면, 그 긍정의 힘은 온 세계 각처
에 있는 대형 교회의 강대상에서 설교의 주제가 되어 떠돌아
다니고 종국에는 저 광야와 골방, 곧 시골 벽촌 도서에 있는
이름 없는 교회의 사자까지도 태평양을 넘어 건너온 '긍정의

힘'을 하나님의 말씀이라고 외쳐댄다. 지금 저 서울 한복판 대단히 큰 교회의 사자가 예수를 믿으면 영혼이 잘되어 만사가 형통하고 무병장수한다고 '삼겹살 축복, 오겹살 복음'을 외쳐대면 이내 곧 대형 교회의 강대상에서 모든 설교 주제의 뿌리가 되고 종국에는 바다 너머 저 아프리카 오지에까지 선교사들을 통해서 생명의 복음으로 포장되어 전해진다.

사도 바울은 인류 역사에서 가장 비극적인 재앙인 '뱀의 미혹으로 말미암아 하와가 배도함'같이 교회가 다른 예수와 다른 복음과 다른 영을 용납함으로 정결한 처녀가 아니라 음란한 간음녀가 되어 신랑 되신 예수 그리스도께 중매가 되지 못할 것을 경고하고 있다.

"내가 하나님의 열심으로 너희를 위하여 열심을 내노니 내가 너희를 정결한 처녀로 한 남편인 그리스도께 드리려고 중매함이로다 그러나 나는 뱀이 그 간계로 하와를 미혹한 것같이 너희 마음이 그리스도를 향하는 진실함과 깨끗함에서 떠나 부패할까 두려워하노라 만일 누가 가서 우리가 전파하지 아니한 다른 예수를 전파하거나 혹은 너희가 받지 아니한 다른 영을 받게 하거나 혹은 너희가 받지 아니한 다른 복음을 받게 할 때에는 너희가 잘 용납하는구

나"(고후 11:2~4)

뱀의 간계로 하와가 타락하여 세속화됨같이 복음의 물샘
에 떨어진 큰 별, 즉 큰 사자들인 큰 목회자들이 설파하는 다
른 예수와 다른 복음과 다른 영이 교회를 세속화시켜 죽이고
있다.

# 글을 맺으면서

　오늘날 우리는 홍수처럼 넘쳐 나는 설교 시대에 살고 있다. 기독교 TV에서 수백만 원의 선교비를 지불하고 방송하는 4회 25분 분량의 설교들, 그중 몇몇 설교들을 듣고 있노라면 실소를 금치 못한다. 어떻게 그들은 하나같이 하나님의 말씀을 인용하면서 그토록 백성들의 귀를 즐겁게 해 줄 수 있는지 놀라울 뿐이다. 세상 유행가를 부르지 않나, 어리석은 신자들의 무료한 삶에 세상적 즐거움을 더해 주기 위해 갖은 모션으로 개그맨 흉내를 내지 않나 한심하기 이를 데 없다. 그들의 설교는 하나같이 십자가를 이야기한다. 그러나 실상은 어리석은 신자들의 요구를 충족시켜 주기 위해 희생과 헌신과 죽음을 의미하는 주님의 십자가를 세상 형통과 세상 부요의 징

검다리로 기어이 만들어 내는 데 탁월한 설교일 뿐이다. 그들은 아주 교묘하게 신자의 세속적 인생의 소원을 하나님의 나라와 의를 위한다는 명분의 빛나는 포장지로 멋들어지게 포장해 주는 방법에서도 뛰어나다.

'긍정의 힘'으로 유명한 조엘 오스틴은 신자들에게 관용하라고 했다. 그리고 용서하라고 했다. 그리고 화목하라고 했다. 그러면서 만약 당신이 회사에서 때로 직장 동료의 질시와 반목에 직면하더라도 그들을 용서하고 그들과 화목하면 하나님께서는 원수의 목전에서 우리를 높여준다는 말씀을 성취해 주실 것이라고 설파했다. 그러면서 그는 말했다. 하나님께서는 당신을 질시한 직장 동료 앞에서 당신에게 높은 승진의 기회를 주신다고!

조엘 오스틴의 이 설교에는 기독교의 절대 가치인 '용서'와 '화목'과 '사랑'이 모두 등장했다. 그런데 문제는 용서와 화목과 사랑의 결국으로 주어지는 신자들에 대한 하나님의 보상에 대한 그의 가르침이다. 직장에서의 승진과 같은 이런 보상이 틀림없는 것이라면 예수 안 믿는 사람도 얼마든지 용서와 화목과 사랑의 열매를 결실하고자 할 것이다. 그러나 주님이 예언하신 말씀에 의하면 우리는 하나님으로부터 사랑을 받고 택함을 받았기에 세상으로부터는 미움을 받는다는 것이다. 그러므로 신자는 승진하기 위해 용서하고 화목하고 사랑하는 것이 아니다.

주님께서 우리에게 용서와 화목과 사랑을 명하신 것은 헛된 꽃의 쇠잔함 같은 승진을 주시기 위해서가 아니라, 당신이 죄인인 우리를 십자가에 죽으시기까지 너무나 사랑하셨기에 그 사랑을 받은 우리도 용서하고 화목하고 사랑하라는 말씀이지, 대가를 바라고 용서하고 화목하고 사랑하라는 것이 아니다. 예수 그리스도의 사랑이 우리를 강권하시기에 승진이 되지 않고 인정받지 못한다고 할지라도 용서하고 화목하고 사랑해야 하는 것이 기독교의 진리이다.

결국 조엘 오스틴의 용서와 화목과 사랑의 교훈은 인생에서 잘되기 위한 주술사의 부적에 불과한 것이다. 그는 하나님의 신령한 말씀을 부요와 인생 역전과 성공의 부적으로 전락시켰다. 그는 용서하고 화목하고 사랑하라는 하나님의 말씀을 도적질한 거짓 선지자이다(렘 23:30).

노골적인 기복주의 설교는 아니라 할지라도 아주 교묘한 기복주의 설교들, 그래서 아주 고상해 보이는 기복주의 설교들은 하나같이 십자가와 하나님의 나라와 의에 대해서는 몇 마디 하지만 목적지는 신자들의 마음속에 자기를 부인하는 십자가를 세우는 것이 아니라 기어이 세상에서의 부와 성공의 꿈을 심어 준다.

　주님께서는 분명히 마태복음 24장 종말장 강화에서 거짓 그리스도와 거짓 선지자의 미혹에 대해 무려 세 번(마 24:4~5, 11, 23~24)에 걸쳐서 거듭 강조하셨다. 그리고 거짓 그리스도와 거짓 선지자의 미혹에 대한 세 번째 경고(마 24:23~24) 후에는 "보라 내가 너희에게 미리 말하였노라"(마 24:25)라고 하셨다. 이처럼 주님께서 강조하시고 경계시키신 것을 보면 거짓 그리스도와 거짓 선지자의 미혹이 얼마나 분별하기 힘든 것이며 또한 그 미혹이 얼마나 무서운 결과를 가져올 것인가를 충분히 짐작해 볼 수 있다. 결국 종말의 성도가 주의하고 경계해서 분별해야 할 신앙의 첫 번째 순위가 거짓 그리스도와 거짓 선지자의 미혹이다.

　포악한 세상의 독재자는 신앙인에게서 10년, 20년 이 땅에서의 고단한 육신의 삶을 빼앗을 수 있다. 그래서 신실한 초대 교회 성도들은 그 유명한 로마 제국의 열 명의 황제 치하에서 영생을 바라보고 그들의 남은 생을 하나님의 제단에 바쳤다. 포악한 황제들, 네로, 도미티안, 트라얀, 하드리안, 아우렐리우스, 세베루스, 멕시미아누스, 데키우스, 발레리아누스, 디오클레티아누스, 그들은 성도에게서 10년, 20년의 육신의 삶을 빼앗을 수는 있어도 영생은 감히 빼앗을 수 없었다.

그러나 거짓 그리스도와 거짓 선지자는 신자의 영원한 생명을 빼앗는다. 그러므로 하나님께서는 로마의 폭군 열 명의 황제보다도, 소련의 스탈린보다도, 북한의 김일성, 김정일보다도 거짓 그리스도와 거짓 선지자를 더욱 미워하시고 저주하시는 것이다. 이들이 바로 주인의 밭에 가라지를 심는 원수들이다. 이들은 신앙인에게서 1백만 원, 2백만 원의 헌금을 강탈하고 교도소에 수감된 흉악한 도적들보다도 신자의 영생을 빼앗는 가장 큰 도적들이다.

자기를 가리켜 재림주라고 하는 이단 교주들은 예수 그리스도의 몸 된 교회의 밖에 있는 정신병자들이다. 정작 무서운 것은 에덴동산 안에 있었던 뱀처럼 그리스도의 몸 된 교회 안에 있는 거짓 그리스도와 거짓 선지자들이다.

목회자가 하는 설교에는 두 가지 종류가 있다. 하나는 하나님이 원하시는 설교이고, 다른 하나는 사람이 만들어 낸 설교이다. 사람이 만들어 낸 설교는 백성의 요구와 기대를 충족시키려는 교훈들이다. 그럼에도 이러한 교훈들이 너무나 하나님의 말씀같이, 너무나 하나님의 복음같이 들려지는 데 미혹의 무서움이 있다. 이들의 수다한 교훈들로 인해 백성들은 모든 소유를 버리기까지 자기 부인의 십자가를 지지 않고는 결단코 주님의 제자가 될 수 없다(눅 14:26~27, 33)는 경고를 대수롭지 않게 여기는 미혹에 빠져든다.

오늘 어리석은 백성들이 하나님의 말씀을 빙자한 세속적인 교훈의 홍수에 빠져서 허우적거리는 비참한 모습이 마치 그 옛날 노아의 홍수에 수몰되었던 하나님의 아들들을 연상시킨다. 그들은 150년간 방주를 만들며 홍수 심판을 예언하는 노아의 말을 듣지 않고 회개하지 않았던, 사람의 딸들과 결혼한 하나님의 아들들이었다.

지금, 세속화된 교훈을 설파하는 거짓 그리스도와 거짓 선지자의 역사가 마치 하나님의 말씀인 양 여기저기 심지어 광야와 골방에까지 넘쳐난다. 그들도 예수 그리스도의 십자가를 이야기하기에 너무나 하나님의 말씀 같지만, 그러나 그들의 십자가에는 희생과 죽음이 있는 것이 아니라 인생 역전의 꿈이 주렁주렁 맺혀 있다. 먹음직하고 보암직한 그 교훈의 열매를 먹는 자들은 정녕히 죽게 될 것이다.

이 책이 그와 같은 영혼들에게 해독제가 되기를 간절히 기대해 본다.